半藤一利

JN231029

歴史と戦争

GS
幻冬舎新書
495

歴史と戦争／目次

構成 石田陽子
DTP 美創

第一章 幕末・維新・明治をながめて

江戸時代まであった、島国に生きる知恵

日本には江戸時代まで、島国に生きる知恵がありました。いうなれば圧搾空気のようなものがあって、その上に国家が乗っかっていたのです。それはつまり、礼儀作法とか、自然を大事にするとか、足るを知る気持ちとか、そういう文化伝統の上に日本人が全部一緒に乗って生きていた。ところが明治になって近代国家をつくろうとした時、あろうことか神国意識を圧搾空気にしてしまったんです。欧米諸国にはキリスト教があり、皆この上に乗っかっている。だから日本も、ということだったのでしょうが、戦争に負けた瞬間に、それさえもなくしてしまったんです。

『昭和史をどう生きたか』(野坂昭如氏との対談で)

幕末期日本人の天皇観

天皇陛下という存在については、現代に生きる私たちが考えるような、あるいは戦前の日本人が考えていたような意識は、幕末の日本人にはなかったんです。幕末にも尊王攘夷がもてはやされて「尊王」ということばが盛んに飛び交いましたが、その場合でも文字では「尊王」と書いたはずで、「尊皇」と書くのはまれだったと思います。つまり、誰が王様になってもよかったんです。そうでもないと、明治新政府ができたとき、島津久光が言ったという「なんだ、俺が新しい王になるのではないのか」という台詞《せりふ》は出てこないですよ。

『仁義なき幕末維新』（菅原文太氏との対談で）

コチコチの愛国者というものは

コチコチの愛国者ほど国を害する者、ダメにする者はいない。これ、私の持論なんです。幕末に、徳川を守ることに固執した井伊直弼《なおすけ》なども、それがために阿部《あべ》正弘《まさひろ》が敷いた幕末日本の進むべき道をねじ曲げただけでなく、将来の逸材である橋本左内《はしもとさない》や吉田松陰《よしだしょういん》を殺してしまった。

『勝ち上がりの条件　軍師・参謀の作法』（磯田道史氏との対談で）

もし勝海舟なかりせば

この人なかりせば、と考えると私は恐ろしくなる。もし勝海舟がいなかったら近代日本はおかしくなっていたでしょう。英仏という列強の代理戦争ともいうべき内戦が長引いて、分裂国家になった可能性がある。外国の支配を受けることになったかもしれず、明治維新などと言っていられなかったかもしれない。

『勝ち上がりの条件　軍師・参謀の作法』（磯田道史氏との対談で）

海舟のやった無血開城

叩き壊すよりも、勝っつぁんはまとめることをえらんだ。それで確信をもって負けた。

そこがエライ。政治において何事かを為し遂げるということが、どこかに突っつかれやすいマイナスをともなうということも、勝っつぁんははっきりと自覚している。しかし、機はいまをおいてないのである。それゆえの無血開城である。そのことにたいして弁解はしないのである。それが実行家というものなのである。やっぱりあとからの批評は気楽といったところになる。

『それからの海舟』

海舟の胸に息づいていたもの

海舟が身をもって実行したことは、幕府とか諸藩という強大な壁をのぞき、日本の全力を結集してネーションとしての海軍をつくりあげることにあった。幕府や藩中心の考え方をのりこえ、「世界のなかの日本」という世界観を基底においた。海岸に砲塁を築く、そんな姑息《こそく》な手段で外国の軍艦を破れるものではない。だから、「軍艦には軍艦で国を守るほかはない」とつねにかれは説いた。しかも身分や格式では軍艦を動かせないし、大砲を射つことはできない。必要なのは個人の識見であり、技術的な能力なのだという強烈な自覚が海舟の胸に息づいていた。

日本海軍は長崎からはじまった。この地に幕府の長崎海軍伝習所《でんしゅうじょ》がひらかれたとき、近代日本が開幕したといえるのである。安政二年（一八五五）十月のことである。

『日本海軍の栄光と挫折』

勝海舟の幕末

勝っつぁんの時勢にたいする処し方を、ごく今日的に考えてみれば——。体制のなかにいながら、その体制をぶっこわし、体制の枠を越えてずっと先を見通している。そしてその行動は、とうてい他人には理解できるものではなかったと思わざるをえない。伝統的な主君への忠誠の観念からすれば、畢竟、海舟は裏切り者であり、天皇にたいする新しい忠誠の立場からすれば、文句なしにかれは仇敵でしかない。そのどちらへも勝っつぁんの帰るべき場所はないのである。それゆえに海舟は天下独往していくことになるし、宙吊りの孤独に堪えねばならないのである。そのことにたいして説明のしようもない。要すれば、自分の行動自体で自分の哲学や歴史観やらを証明してみせるよりほかはなかった。

「人はよく方針というが、方針を定めてどうするのだ。およそ天下のことは、あらかじめ測り知ることができないものだ。網を張って鳥を待っていても、鳥がその上を飛んだらどうするか。われに四角の箱を造って置いて、天下の物をことごとくこれに入れようとしても、天下には円いものもあり、三角のものもある。円いものや、三角のものを捕らえて、四角な箱に入れようというのは、さてさてご苦労千万なことだ」

「鴨の足は短く、鶴のすねは長いけれども、皆それぞれ用があるのだ。反対者には、どしどし反対させて置くがよい。わが行うところは是であるから、彼らはいつか悟るときがあるだろう。窮屈逼塞《きゅうくつひっそく》は、天地の常道ではないよ」

　いずれも『氷川清話』にある海舟の談話である。原理主義的で窮屈な人の多かった当時、この哲学はとても理解されることはなかったことであろう。

『それからの海舟』

西郷隆盛をどう見るか

西郷さんのことを理解するには、彼を毛沢東だと思えばいい。と、私はつねづね言っているんです。両者にはけっこう共通点があるんですよ。まず、二人とも詩が上手である。私はね、やっぱり偉い人は一種の詩人じゃなきゃだめだと考えているんですよ。……金も要らない、地位も要らない、名誉も要らない、こういう人間が一番おっかない、などなど、いい言葉をたくさん残している。毛沢東にも『毛沢東語録』がありますからね。

それから、二人とも農本主義者である。文明開化の世の中になり殖産興業がもてはやされても、その根底ではやっぱり農業が大事である、と。

さらに、永久革命家である。革命が一つ終わればそれでお終いというのではなく、さらなる大改革をなさなきゃならん、という永久革命家なんです。長州や薩摩の田舎者が維新の権官となり、東京の女を妾にしていい気になっているのを見て苦々しく思ってたんでしょうね。《家屋を飾り、衣服をかざり、美妾を抱え、蓄財を謀《はか》りなば、維新の功業は遂《と》げられまじくなり》と言っています。そんな連中を叩き潰すためにも再び革命を起こそうと。

『仁義なき幕末維新』（菅原文太氏との対談で）

明治維新、あれはやっぱり

日本人がみんなして知恵を絞って考えるべきその大事なときに、薩長がそんなことおかまいなしで倒幕運動に血道をあげていた。けっきょく権力をにぎりたいだけでした。……

明治維新などとかっこいい名前をあとからつけたけれど、あれはやっぱり暴力革命でしかありません。その革命運動の名残《なごり》が、明治十年の西南戦争《せいなんせんそう》までつづいたというわけです。西郷隆盛ひきいる叛乱軍《はんらんぐん》を、新政府軍が倒して西南戦争が終わる。ここまでが幕末である、というのがわたくしの説です。

『歴史に「何を」学ぶのか』

幕末の大動乱でひどい目にあったのは

あの大動乱の時代に誰が一番ひどい目にあったかといえば、われら民草《たみくさ》なんですよ。慶応元年（一八六五）から慶応三年ぐらいまでの間に、どのぐらい飢饉が起きて、どのぐらい一揆が起きているか、もう驚くほどです。それに、政治の方で権力争いが絶えないわけですから、民草の苦労ははかり知れないですよ。

『仁義なき幕末維新』（菅原文太氏との対談で）

祖母がくり返し語ったこと

「新政府は泥棒じゃやて。無理やり戦《いく》さをしかけおって、七万四千石《ごく》を二万四千石に減らして長岡藩を再興させた。恩典などというがの、五万石を強奪したとおなじだったんじゃて」

これは、新潟県長岡市の在の雪に埋もれた寒村で、祖母が幼いわたくしの心に吹き込むように、くり返しくり返し、語っていた言葉です。
祖父母は、〝官軍〟などとは金輪際言わなかった。あくまでもそれは西軍でしかない。……この西軍の末裔《まつえい》が太平洋戦争をはじめて、国を滅びる寸前にまでしてしまったが、東軍の末裔が辛うじてこれを救ったのである、と。

『聯合艦隊司令長官　山本五十六』

明治は江戸の尻尾

明治は江戸の尻尾ですよ。「社会」は森有礼、「権利」「哲学」は西周《にしあまね》でしたか。informationを「情報」としたのは森鷗外《もりおうがい》です。井上ひさしが森鷗外のことを「新造語の大親分」と評していました（『ニホン語日記2』文春文庫）。「詩情」「空想」「民謡」も鷗外ですよ。明治の知識人たちには漢語の素養がありましたから、ひとまず漢語的な表現に置き換えて、そこから日本語化したのでしょう。

『勝ち上がりの条件　軍師・参謀の作法』（磯田道史氏との対談で）

海陸軍はかくて陸海軍になった

明治維新の直後のころは陸海軍ではなく海陸軍と海を先に、陸をあとにつけて呼んでいたんですよ。つまり四面海なる帝国ですから、海軍が大事だということだったようです。ところが、維新政府ができたあとも神風連の乱（明治五年）とか秋月の乱（明治九年）とか、そういう国内の反乱が起きて、最後は西南戦争（明治十年）という大反乱が起こる。そういう事情を早くみてとって、国内向けには陸軍が大事だと、陸海軍にたちまち逆転してしまうのです。

『日本海軍、錨揚ゲ！』（阿川弘之氏との対談で）

西郷隆盛の首

秋色ようやく濃い九月二十四日、西郷（隆盛）は城山で自刃した。享年五十一である。城山陥落のとき、山県有朋は一首を詠じて激しかった戦いを偲んだ。

山もさけ海もさけんとみし空の
　なごりやいづら秋の夜の月
『山県有朋』

土中に埋められていた西郷の首が発見され、山県の前にささげられた。首は泥で汚れていた。山県はそれを付近の泉で洗わせて、改めて対面した。山県はしばらく見つめていたが、「この髭は三日剃りくらいだろう」といい、しばしその髭をなでていたが、やがて、

「余を知る、翁に若《し》くはなく、翁を知る、余に若くはない。憾《うら》むらくは君をして今日あるを致さしめたことを……」

と、つぶやいて絶句したというが、いささか大時代的ではある。その感慨もわからなくはない。この戦争の真ッ最中の五月二十六日、木戸孝允が「西郷、もういい加減にせんか」の一語を最後に病死している。享年四十五。薩長を代表する二人の先達が相ついで世を去ったのである。山県の胸中には、木戸を喪ったいま長州を背負うのは自分以外にはないという思いがあったであろう。

日本海軍はその名分を

建軍いらい日本海軍は、貧弱な国力、少ない国防予算への強圧であることを知りながら、海軍力を充実改善させていくために、その名分を「アメリカ海軍に拮抗し得る勢力を」の一点においた。山本権兵衛、加藤友三郎たちの真意は、それをひとつの目的ないしはハカリにすることであり、戦う相手にしたものではなかった。

『日本海軍の栄光と挫折』

日清戦争に異を唱えた勝海舟

猛反対を続けていたのが勝海舟です。日清戦争には大義名分がないという話が最初のほうで出ましたが、これがまさに勝海舟の言うところでして、日清戦争について、「日本の大間違いの戦いである、こういう余計な戦争をして突っ込んでいくと、かえって朝鮮半島が他の国の餌食になる。むしろ清国とは日本の貿易のため、商業なり工業なり鉄

道なりすべてにおいて、支那五億の民衆は日本にとって最大のお客さんである」と言って一句、

欲張りて纏頭《はな》失うな勝角力《かちずもう》

と言うんです（笑）。

『徹底検証　日清・日露戦争』（秦郁彦氏・原剛氏・松本健一氏・戸高一成氏との座談で）

日露戦争は、人心をまとめて鼓舞しつつ

戦争はさまざまな階層の人びとの、さまざまな思いをいっしょくたにひっくるめて遂行されていく。戦意はいっそう昂揚されねばならない。人心は一つにまとめて鼓舞されつづけねばならない。動員される民草は軍国主義者でも全体主義者でもない。格別えらい思想をもっているのでもない。ただ、自分のすべきことだと思って一所懸命になっている。そして、戦争がいったん開始されたからには勝利を国際的に確定するまで、国家の運命と一体になって、民草は身内や友人の生命がどのくらい失われようとも、女性や

子供が悲しみ、生活にどんな悲惨がうまれようと、非情の決意をもって戦いを遂行しなければならないのである。

『日露戦争史1』

日本海海戦を語る諸書にある言葉

この海戦を語る諸書には「運命の一弾」という言葉が、かならずといっていいくらいにでてくる。運命ですませればすべては簡明で、余計なことはいわないですむ。しかし、わたくしは運命論でこの世の万事わかったつもりになることは好まない。むしろひょんな偶然、めぐり合わせから、世の事のすすむほうが多いし、そう考えるほうが奥行きがあって楽しくさえある。不可思議な〝偶然〟で最大の大事が決したり変ったりすることがたしかに歴史上いくつもある。しかもそこには人間の行動や判断が微妙にからむ。人間を超越した運命ではなく、人間の行動の結果としての〝偶然〟なるものを否定することはできないのではないか。

『日露戦争史２』

日露戦争時の日本人捕虜

ロシア軍に収容されていた下士官兵に、小樽丸の七名と相模丸の九名があり、旅順開城後に日本側にひきとられた。東郷司令長官が無事に戻ってきた彼らを迎えて歌一首に詠んでいる。

勇ましくあだの港を塞《ふさ》ぎぬる
　君のいさをは千代もつきせじ

日露戦争時には、捕虜の汚名はなかったのがハッキリする。そのことを思うと、太平洋戦争下においてしきりに唱えられた『戦陣訓』の「生きて虜囚の辱めをうけず」がもたらしたものが、なんと非情であったことか痛感させられる。幾多の有為の人が死ななくてもいい死をみずから死んでいかねばならなかった。言葉というもの、それも口当りのいい美文名文の恐ろしさをしみじみと思い知る。

日比谷焼き打ち事件が起きたわけ

ポーツマス条約調印に反対した「日比谷焼き打ち事件」にしても、一種の情報不足からです。国民にはどれほどきわどい勝ちであったかは伝えられず、ただ「勝った、勝った」とだけ書くものだから、賠償金も領土も得られないとわかって暴動になってしまったんですね。

『徹底検証　日清・日露戦争』（秦郁彦氏・原剛氏・松本健一氏・戸高一成氏との座談で）

日露戦争終結後、スローガンが生まれた

この時、頭山満以下の人たちが読んだ檄文がこれまたものすごい。

「十万の英霊と二十億の国費とを犠牲にしたる戦勝の結果は、千載《せんざい》ぬぐうべからざる屈

辱と、列強四囲の嘲笑のみである。だれの責任か」
――「十万の英霊と二十億の国費」、このスローガンが、大正から昭和にかけて、つまり満洲という広野をめぐっての列強との鬩《せめ》ぎ合いのときに、「満洲を手放すのは十万の英霊と二十億の国帑《こくど》、これを無駄にするのか」というように使われて、昭和の陸軍軍人の頭の中にたたき込まれていくわけなんです。満洲問題の根っこは、日露戦争後のこの時にできたんです。

『あの戦争と日本人』

世論とジャーナリズム

ジャーナリズムが煽ることでたしかに世論が形成される。その世論が想定外といえるほど大きな勢いをもってくると、こんどはジャーナリズムそのものが世論によって引き回されるようになる――ということについてである。煽られた世論の熱狂の前には、疑義をとなえて孤立する言論機関は、あれよあれよという間に読者を失っていく。部数を落としていく。しかも恐ろしいことは「国民の声」であるからということで、ジャーナリズムのみならず、政治・軍事の指導者の判断がそれに影響されていく。あるいは煽動者（世論の造出者）もそれにふくめたほうがいい。彼らは世論を盾《たて》にすることで、みずからが負っている言論の責任をすべて不特定多数の「国民」に移してしまうことができる。そしてそうすることによって、いっそう強い勢いで、これは下からの声であるからという理由をもって、そこが断崖絶壁の危地であることを承知で、何千何万の民草に〝突進〟を命ずることができるようになる。

『日露戦争史1』

きれい事のみ戦史に残し

軍事史家の前原透氏が、実に微妙なところを調べあげ書いている。日露戦後、参謀本部で戦史が編纂されることになったとき、高級指揮官の少なからぬものがあるまじき指摘をしたという。

「日本兵は戦争において実はあまり精神力が強くない特性を持っている。しかし、このことを戦史に残すことは弊害がある。ゆえに戦史はきれい事のみをしるし、精神力の強かった面を強調し、その事を将来軍隊教育にあって強く要求することが肝要である」

なんということか。日露戦史には、こうして真実は記載されなかった。つまり戦争をなんとか勝利で終えたとき、日本人は不思議なくらいリアリズムを失ってしまったのである。

『ノモンハンの夏』

近代日本を創った男

日本帝国の創作者は伊藤博文と山県有朋であった。その伊藤も後世に与えた感化力からいえば、山県にはるかに及ばない。御手洗辰雄氏もいうように、大正から昭和へ、伊藤の指導を受けた人びとは凋落して見る影もなく、その影響下にあった政党はただの形骸と化し去っていった。反して、山県のつくったものは永く存在し、国家を動かし猛威をふるった。民・軍にわたる官僚制度であり、統帥権の独立であり、帷幄上奏権《いあくじょうそう》であり、治安維持法である。なかんずく「現人神《あらひとがみ》思想」である。

昭和の日本で敗戦に導いた指導者の多くは、山県の衣鉢をついだものたちであった。昭和二十年八月は、山県の死後わずか二十四年ののちのこと、まだ山県は生きていたといえる。その意味で「大日本帝国は山県が亡ぼした」といっても、かならずしも過言ではない。

その山県が、秘密主義、官僚的、冷酷、権力的といった暗い性格ゆえに、人気がないからと、忘れ去られてしまっているのは、近代史を学ぶものとして、いささか不当、の印象はぬぐえないでいる。

『山県有朋』

第二章

大正・昭和前期を見つめて

石橋湛山、大正十年の社説

湛山の論理基準はまことに明瞭。まず事実と数値によって事を正しく把握し、経済上の利益がどこにあるかを冷静に合理的に見通すまでなのである。そしてみずから考えだした論理を押しつめて、たどりついた結論が「小日本主義」。いいかえれば、当時の日本人の多くが抱いている「大日本主義」をあっさりと棄てよという、棄てたところで、日本になんらの不利をもたらさない。かえって大きな国家的利益となる、ということであったのである。

こうして湛山はこの社説をつぎのように結ぶのである。

朝鮮・台湾・樺太・満洲というごとき、わずかばかりの土地を棄つることにより広大なる支那の全土を我が友とし、進んで東洋の全体、否、世界の弱小国全体を我が道徳的支持者とすることは、いかばかりの利益であるか計り知れない。

母と、大正十二年の関東大震災

じつは私の母親が、いまも御茶ノ水にある、浜田病院という産婦人科の病院で関東大震災に遭っているんです。お産婆さん、いまは助産師と言うんですか、それを養成する学校というのを病院が営んでいたんですね。母はまだ結婚前でそこの生徒でした。それで大震災に遭いまして、御茶ノ水から上野の山まで逃げたというんです。……うちの母親は、二日間山に籠もっていたと言っていました。

『腰ぬけ愛国談義』（宮崎駿氏との対談で）

「天災は忘れたころにやってくる」

日本人は天災に見舞われると大騒ぎして、これをくり返してはならないと固く誓う。しかし、すぐに忘れる。過去の教訓を軽視し、知識や技術に甘えて、自然の偉大さを無視する。
「天災は忘れたころにやってくる」

物理学者寺田寅彦の言葉とされているが、活字としてはどこにもない。かれが話したことが一般に広まったらしい。災害があるとこの日本人的な名言が登場する。そのくり返しの歴史なのである。

『21世紀への伝言』

おっかない時代は治安維持法改正からはじまった

大正十四年（一九二五）四月、加藤高明内閣のときに、共産主義運動、無政府主義運動の弾圧を目的として施行されていた治安維持法の改正問題が浮かびあがる。とにかく選挙の結果は支配層に一段と強力な治安立法の必要性を痛感させた。これを受けて田中内閣は、六月二十九日、緊急勅令で公布、そして即日施行と、強引そのものにこれを改正した。「国体の変革」を目的とした結社を禁じ、とくに「国体の変革」を意図したときには、これまでの最高刑の懲役十年を引き上げ、死刑または無期を追加する。……
官憲がこいつは怪しいとみれば、疑いだけで委細構わずに検束するという、おっかない時代はじつにこのときにはじまったのである。

『昭和史探索1』

「生命線」というスローガン

「二十億の国費、十万の同胞の血をあがなってロシアを駆逐した満洲は、日本の生命線以外のなにものでもない」

この数字は日露戦争で使った軍費、そして尊い犠牲者である。そうまでしてやっと手に入れた満洲の権益は、まさしく昭和日本が守りぬくべき生命線ではないのか。不景気だからといって、これを失ってなるものか。こうして「生命線」「二十億の国費」「十万の同胞の血」が国民感情を一致させるスローガンとなってしまった。

『B面昭和史』

昭和三年、荷風さんはすでに乱世と観た

荷風が『断腸亭日乗』で「昭和」を乱世と観じたのは、昭和三年六月二十六日が最初ではなかったか。右翼の一団体が松竹本社を相手どり、歌舞伎のソ連公演は国辱であると厳重抗議、かつ拾万円の寄附を強要した、これにたいして警察はまったく取締ろうとせず、マスコミもまた沈黙という話を聞き、そのことをくわしく記したあとでこう書いている。

《名を忠君愛国に借りて掠奪を専業となす結社今の世には甚多し、而して其巨魁《きよかい》を目して憂国の志士となすもの亦世間に尠《すくな》からず、今の世は実に乱世と云うべし》

『荷風さんの昭和』

大量失業が招き寄せたもの

企業の倒産、操業短縮が相次ぎ、「昭和恐慌」は農村の疲弊を加えて、年をおうごと

に苦難さをますばかりとなった。このシワ寄せをうけたのが大学卒業生である。……

一九三〇（昭和5）年三月末の採用状況は、内務省調べで、大企業三二五社のうち、新卒者をまったく採らない社は五三パーセントと、半分以上に達した。

まさに小津安二郎監督の映画「大学は出たけれど」（一九二九年封切り）そのもののひどさであった。この大量の失業者の出現が社会不安を高め、政治不信となり、国家の前途憂慮をうみ、多くのテロ事件、やがて満洲事変をひき起こす因となった。


『昭和史探索1』

昭和五年の二大政党

当時は民政党と政友会と二大政党でしたが、私はかねて、日本人には二大政党制は合っていないのではないかと思っているのです。過去の歴史で見ると、相手の政権を倒すために、もう一方の野党は必ず何かしらの勢力と結びつくんですよ。その勢力は、しばしばときの大衆人気に迎合するような危ない存在でして、このとき政友会が結びついたのは軍部と右翼でした。

『総点検・日本海軍と昭和史』（保阪正康氏との対談で）

「非常時」が叫ばれはじめて

一九三二（昭和7）年一一月に編成された八年度予算は二二億三八〇〇万円という巨額になった。新聞は「日本はじまって以来の非常時大予算」と伝えた。これが「非常時」という言葉のはじまりらしい。目ざとい陸軍はここから「非常時」と吼《ほ》えだした。翌三三（昭和8）年になると、軍警当局は非常時宣言の音量をあげる。

『21世紀への伝言』

ずっと非常時だった

昭和五年生まれのわたくしなんか、物ごころついたときから、すでに「非常時」のなかにいたような気がしている。いまは非常時なんだからといい聞かされて、ずっと我慢を強いられていた。

非常時とはそも何なるか。国家の危機、重大な時機にちがいないが、いまから観ずれば因果はめぐっていわば自業自得にひとし。いや、自己責任というべきか。六年の満洲事変にはじまって、七年の上海事変、血盟団事件、満洲国の強引な建設、五・一五事件、国連脱退で孤立化へと、日本帝国は軍事大国化への坂道をひたすら走りぬけた。民草はそれについていった。

『B面昭和史』

戦争に突入する時

軍人は政治に関与すべからず、という絶対原則が軍みずからの手によって無惨にも破られた時、日本は亡国の戦争に突入していった。

『完本・列伝　太平洋戦争』

新聞は「沈黙を余儀なくされた」わけでなく

『朝日新聞』は自社の七〇年史で書いています。

「昭和六年以前と以後の朝日新聞には木に竹をついだような矛盾を感じるであろうが、柳条溝の爆発で一挙に準戦時状態に入るとともに、新聞社はすべて沈黙を余儀なくされた」とお書きになっていますけれど、違いますね。

沈黙を余儀なくされたのではなく、商売のために軍部と一緒になって走ったんですよ。つまり、ジャーナリズムというのは、基本的にはそういうものでね、歴史を本当には学んでいないんですよ。

こう言っちゃ身も蓋《ふた》もないけれど、いまのマスコミだって、売れるから叩く、売れるから持ち上げる、そんなところだと思いますよ。

『そして、メディアは日本を戦争に導いた』（保阪正康氏との対談で）

「攻撃は最大の防御なり」と信じて

零式戦闘機はご存知のように、乗員席の後ろに防御板を置かなかった。攻撃の運動性能をあげるために機体を軽くすることを、搭乗員の命を守ることより優先させた。戦艦「大和」は当時の世界一の戦艦で、大きさと攻撃力は世界一でしたが、対空防御についてはほとんど想定していません。

「攻撃は最大の防御なり」とは帝国陸海軍ともに信奉する考え方でした。満州事変から太平洋戦争にいたる政戦略の外へ外へのエスカレーションは、まさしくこの攻勢防御思想によるものでした。

日本は細長い島国で、真ん中に山脈が背骨のように通っていて平野が非常に狭い。周囲が海なのでどこからでも入ってこられる。日本本土をくまなく守りぬくことなんて不可能で、地政学からいえば大きな欠点を持っています。

国防上、北からの脅威に備えるために朝鮮半島をとる。その朝鮮半島を守るためには満洲をとる。満洲を守るためには内蒙古を……とにかく外へ外へ、となっていきました。

『日本型リーダーはなぜ失敗するのか』

昭和八年、国際連盟脱退直後の春に

つまり時代の風とはそういうものかもしれない。平々凡々に生きる民草の春は、桜が咲けばおのずから浮かれでる。国家の歩みがどっちに向かって踏みだそうと、同時代に生きる国民の日々というものは、ほとんど関係なしに和やかに穏やかにつづいていく。じつはそこに歴史というものの恐ろしさがあるのであるが、いつの時代であっても気づいたときは遅すぎる。こんなはずではなかった、とほとんどの人びとは後悔するのであるが、それはいつであっても結果がでてしまってからである。

『B面昭和史』

国連脱退の国民気分

人間には生まれながらにして楽観的な気分が備えられているのではないか、と思えてくる。何か前途に暗い不吉なものを感じ警告されていても、「当分は大丈夫」と思いこむ。楽しくていいニュースは積極的にとりこむが、悪いニュースにはあまり関心を払わない、注意を向けない、というよりも消極的にうけとめやがてこれを拒否する。……民草は国策がどんどんおかしくなっているのには気づこうとはしない、いや、気づきたくなかったのか。それがどうしてなのかを理解することはむつかしい。いや、表面的にはともかく、不気味に大きくなる暗雲に、人びとは恐れ戦《おのの》きつつも、「いや、まだ十分に時間がある」と思いたがっていたゆえの平穏であったのであろう。

『B面昭和史』

名投手沢村栄治の無念

一九三四（昭和9）年一一月二〇日、静岡の草薙球場。と書いただけで、野球好きはもう胸を躍らせることであろう。名投手沢村栄治は、この日、世界最強の折り紙のつけられた全米選抜チームの強打者をばったばったと三振に、または凡打に打ちとっていった。頭の高さまで左足をあげて投げおろす沢村の速球は「一五〇キロは確実に出ていた」という。……

名投手沢村の生涯は悲痛というほかはない。中国戦線に二度召集され、左手を負傷。帰国して徴用でびょう打ち工員、三度目の召集で台湾沖で戦死した。好きな野球に打ちこめるいまのプロ野球選手諸君よ、沢村の無念を忘るるなかれ。

『昭和史探索3』

昭和十一年の「国難」

一月五日、朝陽門事件――北京朝陽門内で鈴木大尉以下七名にたいして不法射撃。

五月二十九日、輸送列車爆破事件――天津《てんしん》東駅にて貨車爆破、軍馬三頭負傷。

八月二十四日、成都事件――日本の新聞記者四名が大川飯店で虐殺される。二名が重傷。

九月三日、北海事件――薬種商中野順三、理由もなく虐殺される。

九月十八日、漢口事件――吉田巡査が暴徒に射殺される。

これらはほんの一部である。新聞は筆をおさえることなく、これらを大仰に報じた。陸軍報道部は「断じて許すことはできぬ」とそのたびに怒り、「国民よ、これぞ帝国の危機であるぞ」と吼えた。新聞とラジオしかない時代の国民が、心の底からほんとうに〝国家的危機〟と感じたとしても、これを責めることはできないのではないか。いまの日本であっても同じように危機意識が何をうむか、わかったものではない。

『B面昭和史』

昭和十一年、二・二六事件のあとで

四日間でこの年最大の二・二六事件は終わった。いや、ほんとうは終わってはいなかったのである。事件が巻き起こした〝叛乱〟という恐怖をテコにして、政・財・官・言論界を脅迫しつつ、軍事国家への道を強引に軍は押しひらいていった。二・二六は死せず長く生き残ったといえる。

『昭和史探索3』

二・二六事件後の出版弾圧

ジャーナリズムの無力の結果はすぐにはねかえってきた。たとえばその一つ、昭和十一年の『文藝春秋』十月号は、当局から厳重な注意をうけ、一部削除を命ぜられている。片山哲、鈴木茂三郎、喜多壮一郎、堀真琴、加藤勘十、有澤廣巳、阿部真之助、松村光三らが参加の「軍に直言する座談会」がそれで、二四ページのうち八ページが削除処分をうけた。……

言論への圧迫は、二・二六事件後半年を経て、露骨さと横暴さを加えるようになっていたのである。作家兼文藝春秋社長の菊池寛は『文藝春秋』十一月号の「話の屑籠」で、座談会の発言を補足している。

「軍備の拡充と増税だけが、現内閣の使命なのだろうか。国民生活の不安を除去するという組閣当時の声明は、どうなったのであろうか。増税による増収の少くとも半分は、国民生活苦の救済に振り向けるのでなければ、国民は不満を感ずるであろう」

軍備の拡充と増税、つまりは陸軍が主導する高度国防国家または軍事国家への第一歩が、力強く踏みだされたことがよくわかる。

昭和十二年一月の野上弥生子

年頭の新聞に作家の野上弥生子《やえこ》が心からの願いを寄せている。

「……たったひとつお願いごとをしたい。今年は豊作でございましょうか、凶作でございましょうか。いいえ、どちらでもよろしゅうございます。洪水があっても、大地震があっても、暴風雨があっても、……コレラとペストがいっしょにはやっても、よろしゅうございます。どうか戦争だけはございませんように……」

一人の小説家の眼には、ひそかに忍び寄ってくる不吉な影が、ありありと映じていたのであろう。いかなる自然の災害よりも、人間がひき起す〈戦争〉こそが、最大の悲劇であるという、野上さんのこの言葉は、つぎに来るべきものは人類絶滅の核戦争以外にはない、そうした厳しい現実を生きているわれわれには、ずっしりとした重量感をもってのしかかる。

『ドキュメント　太平洋戦争への道』

それは昭和十二年三月三十日に配布された

林銑十郎内閣はとんでもないものを残していった。文部省思想局編で発行されたパンフレット「国体の本義」である。これが全国の学校・教化団体にくまなく配布される。内容はひと言でいえば、「万世一系の天皇を中心とする一大家族国家」が日本の国体である、という考え方を中心におき、それ以外のいっさいの思想を排除し、「君臣一体」を強調する教育統制強化を意図するものである。これを中学校では「修身」の教科書として使用した。高等学校、専門学校、軍関係学校の入学試験には必読書とされた。それだけにそれ以後の日本の青少年にはこの「本義」が物凄く大きな影響を与えたのである。現人神としての天皇はいよいよ確固不抜のものとなっていった。

『昭和史探索4』

昭和十三年の反戦句

昭和十二年七月、日中戦争ぼっ発。陸軍が豪語する「中国一撃論」（ガーンと一発喰らわせればヘナヘナとなる）は完全に読み違っていた。和平工作はうまく進まず、戦場は広大な中国大陸の奥へ奥へとひろがり、……

そうした先行き真っ暗な戦時下に、反戦の武器として生命《いのち》がけで川柳をつくりつづけた人がいる。「川柳は街頭の芸術であり、批判の芸術である」との信念で。

銃剣で奪った美田の移民村
土工《どこう》一人一人枕木となってのびるレール

こうして王道楽土・五族協和の満洲国の実態を歌い、戦時下の日本内地の貧困を直視する。

首をつるさえ地主の持山である
ざん壕で読む妹を売る手紙

また提灯行列や旗行列で祝われる戦勝の実相をきびしく糾弾する。

手と足をもいだ丸太にしてかへし
屍《しかばね》のゐないニュース映画で勇ましい

この人、鶴彬《つるあきら》は特高警察に逮捕され、昭和十三年九月、収監されたまま病院で死んだ。拷問による死であったかもしれない。享年二十九。最後の一句。

主人なき誉《ほまれ》の家にくもの巣が

『若い読者のための日本近代史』

大本営発表に熱狂した頃

大本営とは何ぞや。要は、戦時下の陸海軍の統一した統帥補佐機関、というわけ。同年（編註・昭和十二年）の七月に勃発の日中戦争に対処するために設けられたもので……戦争を体験した世代には、大本営と聞くと太平洋戦争中に全部で八四六回あった「大本営発表」が思い出されてくる。初期のころには、軍艦マーチと一緒に、ラジオから流れてきた〝勝った、勝った〟の「大本営発表」とともに国民は熱狂した。おしまいころには海行かばの曲と一緒であった。撃滅したはずの敵が本土空襲を始めるのであるから、国民は「大本営発表」を信じなくなった。つまり「大本営発表」はウソの代名詞となる。
今は「大本営」は永遠の死語。記憶する必要もない言葉といえようか。

『昭和史探索4』

昭和十二年の東京下町風情

たしかに、東京下町のこのころは、毎日毎日が変わりもせず平凡で、静かでのんびりと落ち着いたものであった。この年の四月、小学校一年生となったわたくしと同クラスの連中の親の職業を付記してみると、そのまま川向こうの土地柄や家並み、そう、身じろぎもせずにくっつき合って、家の屋根と屋根が重なって、幸せの到来を待っているような、そんな貧しい庶民の典型があるようで、口もとがゆるんでしまう。豆腐屋、イカケ屋、下駄屋、自転車屋、大工、酒屋、ミルクホール、左官屋、米屋、魚屋……。

これらの小さな商店が軒をならべている町なかに、朝、いちばん早く聞こえてくるのは、四季を通して、納豆売りの声ではなかったか。

「なッとなッとうゥ、なッとうに味噌豆ェ」

それもいつだってわたくしより少し年長の少年の声であった。


『B面昭和史』

あのころ蚊帳が怖かった

わたくしの子供のころには蚊帳というものはちょっと怖いものでありました。なかで寝ている人が死体かもしれない、蚊帳をゆするなまぐさい風、ヒュードロドロ、なんて思うと、なかなかひとりで中に入れない。そんなことをいうといまの科学万能の世の中、バカにされて笑われるのがオチでありましょう。が、蚊帳がなくなったころから日常生活のなかの怖いものがなくなった、まことに結構のようで、じつはそれがいちばん怖いことなんではないか。人間が怖れを失う、何も怖がらなくなる、それは非人間になること同じなんです。と、そんなことを思ったりします。

『ジブリの教科書3　となりのトトロ』(解説)

下町の言葉の威勢のよさ

もっとも好んで使われていた下町言葉には、「リ」の添辞の語が極端に多いような気がしている。アッサリ、オットリ、ガタリ、キッチリ、キリリ、シッカリ、ツルリ、ドサリ、ドッシリ、ピタリ、ビシリ、プッツリ、フンワリ、ホンノリ、メッキリ、ユーラリ、などなど。よくよくみると、ほとんどが擬音語であり、はねる音(撥音)とつまる音(促音)ばかり。よくいう「ざっくばらん」も、単刀直入に「ザックリ」と切りこみ、「バラリ」と胸のうちを切り開くということ。つまり下町ッ子の威勢のよさはパッパッパッとはねる言葉にある。

いま思うと、どうもこんな威勢のいい言葉にとりまかれて、わが幼少時代は過ぎていったようである。「こんど」を「こんだ」といっていたし、「ずるい」を「ちゃくい」といった。「おれんち」(俺の家)、「お前んち」といい、「あすぼう」(遊ぼう)であったし、「ヤならよしやがれ」であった。

『歴史探偵かんじん帳』

下町の夜を渡った音色

笛といえば、この甲高い音は不思議によく聞こえる。秋の夜など戸を閉めて床に入っても、遠い祭りの笛の音だけが枕元までとどく。太鼓や三味線などは聞こえない。支那ソバのチャラメラ、按摩《あんま》の笛、むかしの下町の夜には、この絹ごしのようにきめの細かい音色がよく似合っていた。

風の強いときには電線が鳴った。強い風が細いものに当たると、風下に渦《うず》巻きが対《つい》になってでき、交互に発生し、流れていくためにピーピーと鳴る。これをカルマン渦という、と理科に強い友がおごそかに教えてくれたが、何であろうとも正体を知ってしまうと風情がなくなる。

流行歌は反戦歌だった

話題ついでに勝手な熱を吹かさせてもらえば、「麦と兵隊」の作詞者藤田まさとの名から思いだすことを一度やりたいのである。それもわが仮説なんであるが。

わたくしがいまでもときに風呂で調子外れにやる鼻歌に「妻恋道中」がある。藤田まさとの作詞で、このほかにも「鴛鴦《おしどり》道中」とか「追分道中」とか、道中ものを彼はつくっている。「好いた女房に三下り半を／投げて長脇差《ながどす》永《なが》の旅……」と〝な〟の字づくしのあざやかさ、歌わなくちゃ悪いような気持ちになってくる。

いや、そんなことをいいたいのではない。じつは昭和十二年から十三年、十四年と、いくつもの〝やくざ調〟の歌がつくられている。「棄てて別れた故郷の月に」の「勘太郎月夜唄」とか、「どうせ一度はあの世とやらへ」の「流転」とか、あれもこれもすべて歌えるわけではない。が、その歌詞だけを眺めていると、恋人や妻や古里《ふるさと》にほんとうは別れたくはないのであるが、これも「国のため」「天皇陛下のため」に赤紙一枚で出征していかねばならない、当時の若ものたちの苦悩を歌ったものとみえてくるのである。民草の、口にはだせない切々たる愛恋の心を歌いあげている。股旅暮らしの、いや、兵隊に行かねばならない男のあきらめといいさぎよさを歌っている。そして、それを押し殺さねばならない悲しみも。戦後の甘っちょろい〝やくざ唄〟とは違って、この当時のものは、つまり身をやくざにやつした兵士たちの反戦の歌であったのだ、その思いで歌っていたのだ、とそんな風に思えてくるのである。

『B面昭和史』

鉛筆のなつかしい香り

原稿用紙をひろげた机に向かって心を落ち着ける。ふと、削りたての鉛筆の先を嗅いでみる。小学校一年生の、なつかしい香りがしたといったら、信じて貰えないであろうか。ことによったら、わが感情生活は知らぬ間に、この鉛筆の香りの影響をうけているかも知れない。忘るべからざる初心が不意に甦ってくる。
なぜ最近の家は、せっかく木材で建てたものでも、すぐペンキを塗ってしまうのか。味気ない話である。家についての子供のころの記憶は木の香りであったように思う。新築間もない家へ遊びにいって、あんまりいい木の匂いがしたので、友達のお母さんに抱きついてしまった思い出がある。親愛の情を示しすぎるのが、わたくしの悪い癖か。

『世界はまわり舞台』

昭和十年代、隅田川の向こうは

昭和十年代の川向うは発展途上国であった。諸処方々で道路工事のツルハシの音や、おっかちゃんの為ならヨーイトマケのはじけた合唱を聴いた。杭打ちや地固めのために高い櫓を組み、汗びっしょりの、あねさん被りとねじり鉢巻とが力を合わせて綱を引き、ヨイトマケでドスンと大きな重しを落とす。それを何時間でも飽かずに眺めていた。掛け言葉にときどき卑猥がまじるのが、判じもののようで楽しくもあった。

後年、その記憶を一首にまとめた。（また出た、の声あり）

炎熱の装路の傷に嘴《はし》入れてす黒き土を掘り起す人等

『隅田川の向う側——私の昭和史』

横須賀で見た駆逐艦

じつは親父が海軍で一等兵曹ぐらいだったと思いますが、「五十鈴」（軽巡洋艦）に乗っていたんです。大正軍縮でやめさせられたらしいですが、それで横須賀に「五十鈴」が入っているという話を聞きつけたんでしょう、わざわざ悪ガキのわたくしを連れて見にいった。ついでに乗っかった。「五十鈴」はいなかったけど、「夕立」がいたんですね。……見物して帰るときに、文鎮をもらったんですよ。軍艦が進水したとき、当時は文鎮を大量につくるんですね、長さが二〇センチぐらいのもので、その文鎮はまだ私の机の上に鎮座ましましています。

『日本海軍、錨揚ゲ！』（阿川弘之氏との対談で）

もしも中学の入学試験に落ちたなら

それは天雷のごとくわたくしに衝撃を与えた言葉でした。

「いいか、中学の入学試験に落ちたら、すぐ小僧奉公に出すからな」

父は配給の酒をのみつついい気持ちそうにそうのたもうたのですが、こっちは思わずぶるぶると身体を震わせました。ナニッ、小僧奉公に出す!?

ここに一つの統計があります。昭和十年のわが向島区の年齢十六歳以下の少年工員や少女工員の数です。少年工五百五十七人、少女工千八百九十四人。少女工は少年工の三倍もいます。川向こうの幼い手はおはじきやメンコばかりしていたのではありません。小学校を卒業するとすぐ住み込みの働きに出されていきました。小づかいは月二回払いで大体五十銭ぐらい、就業時間は平均十二時間と、これも統計に出ています。

ですから一杯機嫌の父におどかされ、悪ガキは震え上がったわけです。……いきおい中学校進学のための勉強に少しばかり精出すことになります。

『15歳の東京大空襲』

川向こうの小さな働き手

中学一年生のある日、小学校時代の同級生の民ちゃんの訪問をうけた。大人用のだぶだぶの軍手をはめた両手に、大事そうにブリキの玩具をかかえている。ねじを巻くと走る戦車だった。

「あげるわ。工場で私が作ってるものなの。六年生のとき欲しがっていたでしょう。だから……。」

と、走ってきたのか白い息を大きくはずませながら、彼女はいった。照れかくしにぐすんと制服の腕で鼻をこすってから、私は彼女の作品をひょいと受けとった。

「オー、サンキュー」

習いはじめた英語が、無意識に口からとび出した。その瞬間だった。栄養の足りない白っ茶けた顔色の中で、切りこみの深い目だけが異様に光った。私はしまったと思った。

上の学校へゆけぬ彼女の、哀しみに似たものがかすかに感じられた。しかし、それはすぐにあきらめに似た暗い眼差しに変わった。とっさに私は、

「三と九のベロベロ、マッチ。アリが十四だ」

と、おどけてみせた。

民ちゃんは空襲で焼死した。戦車も熔けて消えた。私は、いらい会話に横文字を入れないようになった。


『隅田川の向う側――私の昭和史』

玉の井初見参の記

ちょっと色気づいた腕白には、ここは、得体の知れぬ、摩訶不思議揣摩《しま》憶測の場所であった。魔窟である、迷路である、化け物が出ると教えこまれて、木刀を腰に酒呑童子でも退治するつもりで、悪餓鬼の仲間四天王ともども初めて乗りこんだのは、小学校五年生のとき。……

人通りのあまりない細道に入ると、縦横に交り合い、左右に曲りくねって、両側に軒をつらねた小さな家がならび、家には小さい窓がついていて、前にくさい泥溝《どぶ》があって……窓から女の人が真っ白い首を長々とさしだして、光った金歯をみせてニヤリとした。

「まだ早いよ。毛が生えてからおいで」

泡を食って転ぶように逃げた源頼光と四天王、大通りの商店街に飛びでたら、眼の前に下駄屋と瀬戸物屋が隣り合わせで並んでいた。その屋号が金玉屋と万古屋であった。ホラ話よと思われるのが自然であるが、ほんとうの話なんである。玉の井とはそんなふざけた町であったと記憶している。


『永井荷風の昭和』

昭和十四年、国の〝節義〟によって戦ったノモンハン

静かなハルハ河東岸の草原をトラックで走りながら、戦闘たけなわのころに戦場にやってきていた外国人記者との一問一答を、ふと想いだした若い日本軍将校がきっといた

にちがいない。

「この下にダイヤモンドがあるのか。石油があるのか。石炭があるのか」

「何もない」

「じゃ、何でこんなところで戦うのか」

「それは満洲国の国境を守るという日本の節義から戦っているんだ」

「節義？　よくわからない。ほんとうにそれだけで戦うのか」


『ノモンハンの夏』

ノモンハン停戦後の結論

昭和十四年九月に停戦協定が結ばれた後、十五年一月にできた「ノモンハン事件研究委員会」の結論はこうです。

「火力価値の認識いまだ十分ならざるに起因して、わが火力の準備を怠り、国民性の性急なるとあいまち、誤りたる訓練により遮二無二《しゃにむに》の突進になれ、ために組織ある火網により甚大なる損害を招くに至るべきは深憂に堪えざるところなり」

ここまでは非常に反省しています。ところが結局は、最後のところで、「優勢なる赤軍の火力に対し、勝ちを占める要諦《ようてい》は、一に急襲戦法にあり」となっている。

つまり、火力に対しこれからますます精神力を強くすることを要す、というのです。自分たちの立案した作戦で非常に苦戦はしたけれども、敵の圧倒的な火力に対して精神力をもって白兵突撃をやって、見事に互角に戦った、というのが結論なんです。


『21世紀の戦争論』（佐藤優氏との対談で）

ノモンハン敗戦のあとで参謀は

参謀にはお咎めなし、というのは陸軍の伝統なんですね。連隊長はほとんど戦死か自決。事件後、軍司令官や師団長は軍を去りますが、参謀たちは少しのあいだ左遷されただけで罪は問われませんでした。服部は、昭和十四年九月の停戦協定からわずか一年後の十五年十月に参謀本部に戻ってくる。しかも作戦班長として、ですよ。翌十六年七月には作戦課長に昇進して八月には大佐に昇進。

『昭和の名将と愚将』（保阪正康氏との対談で）

ノモンハンから今につづくもの

ノモンハン事件から何を学べるかと聞かれたら、私は5つあると答えています。「当時の陸軍のエリートたちが根拠なき自己過信をもっていた」「驕慢なる無知であった」「エリート意識と出世欲が横溢していた」「偏差値優等生の困った小さな集団が天下を取っていた」、一番最後に、「底知れず無責任であった」。これは今でも続いている。

『世界史としての日本史』（出口治明氏との対談で）

昭和十五年七月、首相近衛文麿の積極方針

いざ首相の座についてみると、近衛は陸軍の主張をあっさりと容れ、積極方針を打ち

上げるのであった。一つは「基本国策要綱」で、世界はいまや歴史的一大転機に際会しているという判断のもと、「八紘《はっこう》ヲ一宇《いちう》トスル肇国《ちょうこく》ノ大精神」で世界平和をつくる、と謳いあげ、もう一つは、それに基づいて、対外的には「大東亜新秩序の建設」を目指す、というのである。米英にはこの政略は敵対戦略として受けとられるだけで、友好回復どころの話ではなかったのである。

『昭和史探索5』

近衛首相がつくった大政翼賛会を荷風がいわく

荷風は日記で大政翼賛会をあざけり笑っているのです。「この化物は時平公のような公卿《くげ》の衣裳に大太刀をつるし魯西亜《ロシア》風の橇《そり》に乗りて自由自在に空中を飛廻るなり。（ちょっと略して）その吠える声はコーアコーアと聞こゆることもありセイセンと響くこともあり一定せず。その中《うち》に亦《また》何かと変るべしという」。

荷風のいうとおりに、その吠える声はのちにキチクベイエイと変ったのはご存知のとおりです。

『昭和史裁判』（加藤陽子氏との対談で）

昭和十五年八月の、ぜいたくは敵だ！

戦中を象徴する流行語の一つ「ぜいたくは敵だ！」の看板一五〇〇本が、麗々しく東京中央部の街頭に立てられたのが十五年八月一日。同じ日から、官庁・会社・百貨店などの社員食堂は米食を全面的に廃止し、パンやうどんに切りかえられた。

この日の永井荷風の日記『断腸亭日乗』が、すこぶる面白い。

「正午銀座に至り銀座食堂に飰《はん》す。南京米にじやが芋をまぜたる飯を出す。此日街頭にはぜいたくは敵だと書きし立札を出し、愛国婦人連辻々に立ちて通行人に触書をわたす噂ありたれば、其有様を見んと用事を兼ねて家を出でしなり。尾張町四辻また三越店内にては何事もなし。（略）今日の東京に果して奢侈贅沢と称するに足るべきものありや。笑ふべきなり」

荷風の野次馬精神は、あっぱれの一語につきる。それと、昼ごろまでには立看板が間に合わなかった様子も察せられ、外米にじゃが芋の御飯が供せられたこともわかる。

『ぶらり日本史散策』

日中戦争に倦んできて

要するに日本は中国と何のために戦争しているのか分からなくなったんです。我々国民も「何のためにやっているんだ」という気分がかなり出てきていた。そこで、昭和十五年一月、阿部信行《あべのぶゆき》内閣のときですが、日本の戦争目的を政府発表したんです。「今事変、日中戦争の理想は我国肇国《ちょうこく》の精神たる八紘一宇の皇道を四海に宣布する一過程として、まず東亜に日・満・支を一体とする一大王道楽土を建設せんとするにあり」「その究極において世界人類の幸福を目的とし、当面において東洋平和の恒久的確立を目標としていることは、政府のしばしばの声明を俟《ま》つまでもなく、けだし自明のことである」。これが戦争目的。したがって皇道精神、肇国いらいの日本の理想に反逆する蔣介石は徹底的に叩かなければならないんです。戦争を途中でやめるわけにいかなくなってしまった。

『「東京裁判」を読む』（保阪正康氏・井上亮氏との鼎談で）

昭和十五年の群集心理

フランスの社会心理学者ル・ボンは『群衆心理』（創元文庫）という名著を、十九世紀末に書いているが、かれはいう。

「群衆の最も大きな特色はつぎの点にある。それを構成する個々の人の種類を問わず、また、かれらの生活様式や職業や性格や知能の異同を問わず、その個人個人が集まって群衆になったというだけで集団精神をもつようになり、そのおかげで、個人でいるのとはまったく別の感じ方や考え方や行動をする」

そして群衆の特色を、かれは鋭く定義している——衝動的で、動揺しやすく、昂奮しやすく、暗示を受けやすく、物事を軽々しく信じる、と。そして群衆の感情は誇張的で、単純であり、偏狭さと保守的傾向をもっている、と。

昭和十五年から開戦への道程における日本人の、新しい戦争を期待する国民感情の流れとは、ル・ボンのいうそのままといっていいような気がする。それもそのときの政府や軍部が冷静な計算で操作していったというようなものではない。日本にはヒトラーのような独裁者もいなかったし、強力で狡猾《こうかつ》なファシストもいなかった。

『昭和・戦争・失敗の本質』

日中戦争の四年半で

四年半に及ぶ泥沼の日中戦争には、昭和十六年十二月八日の真珠湾攻撃の日までに、じつに百億円もの戦費が投じられ（現在の価値にして約二〇兆円）、四十五万五千七百人もの日本兵が戦死することになるのです。

『半藤一利が見た昭和　文藝春秋増刊　くりま』

昭和十六年一月の示達、戦陣訓にこうあった

戦場へのぞむ兵士の心得が、まことに名文で書かれている。校閲を島崎藤村に依頼し、さらに志賀直哉、和辻哲郎にも目をとおしてもらったという。藤村は細部にまで手を入れ、全体に知的な要素がないことを指摘したが、陸軍は兵隊に知は必要がないと一蹴する一幕もあったという。ともあれ名文である。が、それが名文であればあるほど、この文書がその後の太平洋戦争に与えた影響は筆舌に尽くしがたいほど大きかった。われら当時の少国民ですら、強制的に記憶させられた一行がある。

「生きて虜囚の辱を受けず、死して罪禍の汚名を残すこと勿れ」

これである。捕虜になるなかれ、それは「郷党家門」を恥ずかしめる恥辱中の恥辱であると、兵士たちは覚悟させられた。そのために死ななくてもいいのに、無残な死を死んだ兵士がどれほどいたことか。

『昭和史探索５』

昭和十六年春、石原莞爾の予言

彼は昭和十六年に陸軍を追い出されまして、そのあとに対米英戦争が始まります。開戦直後に立命館大学で国防学の講義をして、その中でこう言ったんです。
「この戦争は負けますなあ。財布に千円しかないのに一万円の買い物をしようとしてるんだから、負けるに決まってる。アメリカは百万円を持ってて一万円の買い物をしてる。そんなアメリカと日本が戦って勝てるわけありません」と。

『昭和史をどう生きたか』（丸谷才一氏との対談で）

昭和十六年、開戦の二カ月前にこの国がやったこと

この年の一〇月には「青壮年国民登録」が実施されている。男子は一六歳以上四〇歳未満、女子は一六歳以上二五歳未満で、配偶者のないものをすべて登録させた。国民の〝根こそぎ動員〟の準備は着々と整っていたのである。

ついでに書くと、当時「少国民」という言葉があった。一六歳未満もまた、戦争遂行のための一種の「予備軍」、小さな戦士なのである。

かくて敗戦までに徴用されたもの一六〇〇万人、学徒動員三〇〇万人、女子挺身隊四七万人に及んだ。「自発性の強制」は国家によって見事に実施されたのである。

『昭和史探索5』

開戦一カ月前、大本営が考えた戦争の見通し

いざ開戦となった場合の戦争の見通しについて、十一月十五日、大本営政府連絡会議は十分に討議した。その結論は――アメリカを全面的に屈服させることは、さすがの日本の「無敵」陸海軍も考えてはいない。

①初期作戦が成功し自給の途を確保し、長期戦に耐えることができたとき。
②敏速積極的な行動で重慶の蔣介石が屈服したとき。
③独ソ戦がドイツの勝利で終ったとき。

④ドイツのイギリス上陸が成功し、イギリスが和を請うたとき。

そのときには、アメリカは戦意を失うであろう。栄光ある講和にもちこむ機会がある、というのがその骨子である。とくに、この③と④はかならず到来するものと信じ、だから勝算ありと見積った。しかし、初期作戦不成功の場合、ドイツが崩壊した場合など、日本に不利なときについてはまったく考えられていなかった。

『ドキュメント　太平洋戦争への道』

日本人は十二月八日のラジオ放送をどう聞いたか

午後八時四十五分、ラジオは軍艦マーチとともに、大本営海軍部発表の驚倒するような大勝利の報を伝えた。……ほとんどすべての国民が、ラジオの報に聞きいった。作家の長与善郎は「生きているうちにまだこんな嬉しい、こんな痛快な、こんなめでたい日に遭えるとは思わなかった」と書き、徳川夢声は「今日の戦果を聴き、ただ呆れる」と記し、さらに翌九日には「あんまり物凄い戦果であるのでピッタリ来ない。日本海軍は魔法を使ったとしか思えない。いくら万歳を叫んでも追っつかない。万歳なんて言葉では物足りない」と興奮を日記にぶつけた。

「私は不覚にも落涙した」と詩人高村光太郎も書いている。亡き夫人智恵子への愛をつづった詩集『智恵子抄』が刊行されたのは、この年である。

また、社会学者清水幾太郎は、後日、その日の感想をこう記した。

「日本は是が非でも英米に勝たねばならぬ。そのためには吾々の文化が彼等の文化に勝たねばならぬ。併し文化はただビルディングや洋服にのみ関することではない。それは根本に於て国民の心の力を養うことであり、また心の力それ自らである」

武者小路実篤も書いた。

「……愚かなのはルーズベルト、チャーチル、ハル長官たちである。日本を敵に廻す恐ろしさを英米の国民が知らないのは当然だが、彼ら責任者がそれを知らなかったのは馬鹿すぎる」

つまりは、多くの日本人は、十二月八日をこのようにうけとめたのだ。ほとんどが真珠湾の戦勝に狂喜し、そしてだれもがこの戦争を「聖戦」と信じた。あるいは信じようとしたのである。

真珠湾への奇襲作戦

太平洋戦争における連合艦隊司令長官山本五十六大将の真珠湾攻撃作戦は、『海戦要務令』にある「先制と集中」による攻撃主義という海軍兵術思想を見事に活かしたものである。と同時に、陸軍の『作戦要務令』が説く「奇襲」を全面的に採り入れた作戦計画でもあったのである。

というのも、『海戦要務令』には、面白いことに奇襲という文字がほとんどないからである。わずかに夜戦と潜水戦隊の戦闘の二ヵ所にしか書かれていない。もう一つ、「航空隊の戦闘」の項に「航空機の戦闘においては、敵の不意に乗じて近接攻撃するを特に有利とす」と、わずかに奇襲攻撃を示唆している文字がある。が、一般には奇襲を強調する考え方は日本海軍にはなかったようなのである。海上には地形の変化がない。

すべて平面上にあり、見通される。たとえば、源義経のひよどり越えの逆落としのような、困難な地形を克服して敢行される奇襲は、海にあっては成り立たないのである。

しかし、海軍航空の育ての親であり、航空戦の理解の深かった山本はそこに着目した。つまり『海戦要務令』の中のただの一行の「航空戦」の奇襲を、新しい時代の戦勝の第一義とした。開戦初頭の、乾坤一擲の奇襲作戦に、国家の運命を賭けたのである。真珠湾攻撃の作戦計画のあることを、山本がひそかに打ち明けた嶋田繁太郎海軍大臣あて(昭和十六年十月二十四日付け)の手紙がある。

「(対米英戦争に踏み切るのは)非常の無理ある次第にて、これをも押切り敢行、否、大勢に押されて立上がらざるを得ずとすれば、艦隊担当者としてはとうてい尋常一様の作戦にては見込み立たず、結局、桶狭間とひよどり越えと川中島とを併せ行うの已むを得ざる羽目に追込まれる次第に御座候」

桶狭間もひよどり越えも川中島も、山本の脳裏には奇襲の戦いとして描かれている。真珠湾攻撃はそれらを全部あわせたような「大奇襲」を意図したものであった。


『徹底分析　川中島合戦』

山本五十六の無念

謀略の疑いをもって聞いていたアメリカの放送であったが、どうやら最後通牒の遅れたことは間違いないようだと山本が知ったのは、その年の暮か、十七年に入ってから間もなくであったという。

山本は、心を許した幕僚にだけはしみじみと語った。

「残念だなあ。僕が死んだら、陛下と日本国民には、連合艦隊は決して初めからそういう計画をしておりませんと、そうはっきりと伝えてほしい」

無念の歯がみが聞こえてくるようである。

『「真珠湾」の日』

第三章　戦争の時代を生きて

真珠湾攻撃大成功の報せを受けて

小学校五年生であったわたくしは、ほとんどの大人たちが興奮して晴々とした顔をしていたことを覚えている。評論家の小林秀雄は「大戦争が丁度いい時に始まってくれたという気持なのだ」といい、亀井勝一郎は「勝利は、日本民族にとって実に長いあいだの夢であった。……維新いらい我ら祖先の抱いた無念の思いを、一挙にして晴らすべきときが来た」と書き、作家の横光利一は「戦いはついに始まった。そして大勝した。先祖を神だと信じた民族が勝った」と感動の文字を記した。

この人たちにしてなおこの感ありで、少なくとも日本人のすべてが同様の、気も遠くなるような痛快感を抱いた。勝利に酔った。この戦争は尊皇攘夷の決戦と思ったのである。

『昭和史探索5』

私の親父は〝へん〟だった

私の親父というのがへんな親父でね。向島で運送業をやっていたのですが、太平洋戦争が始まったその日に、「この戦争は負けるぞ、おまえの人生も短かかったなあ」なんて言うんです。まわりは必勝、必勝と騒いでいますから、「なにを言っているんだろう、このジジイ」と思いましたよ。

『腰ぬけ愛国談義』（宮崎駿氏との対談で）

昭和十七年春のレイテ島

アジアの盟主たらんとする日本が、昭和十七年（一九四二）春、緒戦の連戦連勝の勢いのまま、フィリピンのレイテ島を占領した。統治すること一年有余で、日本軍が成しとげたもの。

1．数本の田舎道を完成させた。

2．井戸を五つ掘った。
3．現地人用に水運びのための天びん棒を多量に作った。
4．照明用にロウソクを大量にこしらえた。

キミ、笑い給うことなかれ。これが六十余年前の日本の実力のほどであった。とくに数本の田舎道の完成には涙ぐましくなる。鬱蒼たる密林を必死の想いで切り拓いて、古里を偲ばせるような凸凹道を、モッコとシャベルとツルハシ、つまり、血と汗と涙で造りあげたのであろう。ジャングルに、兎追いしかの山、小鮒釣りしかの川、の面影を求めて……。

このレイテ島を昭和十九年十月にアメリカ軍が奪還して、それからわずか十日間で成しとげたるものたるや、アメリカの戦史にかくある。

1．数本のアスファルト道路を造った。
2．小規模な飛行場を完成させた。
3．水道設備をくまなく完整させた。
4．自家発電機を作った。

いやはや、である。物量に負けた。科学や工業技術に負けた。なんて、それこそ戦後に敗因をさんざん聞かされたけれども、それだけの念仏ではわれら日本人は成仏できないようである。その上に、ごく人間らしく生きることでも、日米間には天地雲泥の差があったことがわかる。そういえば戦争中のわれら少国民の衣食住の何とみすぼらしかったことか。要するに、広義の文化の戦争でも、日本はコテンパンに敗れたり、ということになる。

『ぶらり日本史散策』

昭和十七年六月、ミッドウェー海戦大敗後の銃後

活動写真弁士から俳優、文筆家になった徳川夢声の六月十一日の日記。

「おや、と驚いた。日本の航母一隻が撃破され、一隻大破で、巡洋艦も一隻やられている。大東亜戦争開始以来、こんな大きな犠牲はない。米国の航母エンタープライズ型ホーネット型二隻撃沈とあるが、今までみたいに幕下が横綱を倒したような華々しい戦果

ではない」

まったくの話、空母四隻沈没ともし国民が知ったらどう反応したでしょうか。このときの夢声夫人の暢気《のんき》な言葉がおもしろい。いまになると事実をひた隠す軍部にたいする皮肉と読めないこともないのです。

「庭を掃いている静枝に、この事を話したら、アラ随分損しちゃったじゃないの、と言った。ソンしたが可笑《おか》しく響いた」

夢声夫人のみならず、日本人のだれもが「戦さは海の向こうでやるもんだ」と、まだまだ信じていたのです。

『聯合艦隊司令長官　山本五十六』

昭和十七年八月のガダルカナル島、戦闘の翌日に記者は見た

従軍記者リチャード・トレガスキの著書からも引用しておく。戦闘の翌日の戦場の模様である。

「死体の放つ強烈な悪臭が砂洲のあたりに立ちこめていた。水際に倒れているものも多く、すでに膨れ上がって光っており、つやつやしたソーセージのように見えた。打ち寄せられた砂に半分埋まった死体もあった。グロテスクに膨れた頭や、砂浜から突き出たねじれた胴体も見える。しかし、その殺戮は、砂洲の向こうの木立の中に比べると、まだ印象の薄い風景といってよかった。木立の中は背筋の凍るような悪夢だった。……」

　もうこれ以上は筆写する気にはなれない。


『遠い島　ガダルカナル』

ガ島で日本兵は何を見たか

作者は第二師団経理部所属の吉田嘉七曹長。

「死なないうちに、蠅がたかる。追っても追ってもよってくる。とうとう追いきれなくなる。と、蠅は群をなして、露出されている皮膚にたかる。顔面は一本の皺も見えないまでに、蠅がまっ黒にたかり、皮膚を嚙み、肉をむさぼる。

そのわきを通ると、一時にぷーんと蠅は飛び立つ。飛び立ったあとの、食いあらされた顔の醜さ、恐しさ。鼻もなく、口もなく、眼もない。白くむき出された骨と、ところどころに紫色にくっついている肉塊。それらに固りついて黒くなった血痕。
これが忠勇な、天皇陛下の股肱《ここう》の最後の姿。われわれの戦友の、兄弟の、国家にすべてを捧げきった姿。」……

ガ島にある将兵の悲惨を伝えるのに、体験者のこうした怒りを裡に押し殺しての文のほうがはるかに尊いし、余計な想像を交えて描くよりも真実を明確に示してくれる。

『遠い島　ガダルカナル』

ガ島戦敗退後の天皇のつぶやき

ガ島戦で得た教訓を、天皇は東久邇宮にこんな風にいったという（一月二十七日）。
「ノモンハンの戦争の場合と同じように、わが陸海軍はあまりにも米軍を軽んじたため、ソロモン諸島では戦況不利となり、尊い犠牲を多く出したことは気の毒の限りである。

しかし、わが軍にとってはよい教訓となったと思う」

いや、日本の軍部はこの惨たる敗戦から何も学ばなかったのである。

『遠い島 ガダルカナル』

昭和十八年五月、山本五十六の死とアッツ島玉砕

この玉砕という言葉は初めて耳にしたときはほんとうに胸を衝きあげてくるような響きがあった。戦時下という荒《すさ》ぶる時代の美意識ともいっていい新鮮さがあり、少年なれど覚悟を固めねばならないときがきたと、この悲報から感じたことが思いだされる。

作家坂口安吾もショックをうけたのであろう、この年の「現代文学」六月号にかいている。

「山本元帥の戦死とアッツ島の玉砕と悲報つづいてあり、国の興亡を担う者あに軍人のみならんや、一億総力をあげて国難に赴くときになった。／飛行機が足りなければ、どんな犠牲を忍んでも飛行機をつくらねばならぬ。船が足りなければ船を、戦車が足りな

ければ戦車を、文句はぬきだ。国亡びれば我ら又亡びる時、すべてを戦いにささげつくすがよい。学校はそのまま工場としてもよく、学生はそのまま職工となるも不可あらんや。僕もそのときはいさぎよく筆をすてハンマーを握るつもりである」

のちに無頼派といわれる安吾までがここまで思いつめたように、あるいは当時の大人たちはみな、戦況がぐんと傾きだしたことにある種の予感を抱きはじめたのかもしれない。

『B面昭和史』

次の世紀までも記憶しておくべき昭和十八年の夜郎自大

対米英戦争は、アジアの植民地解放という崇高な目的をもった戦いであった、ゆえに大東亜戦争と呼称すべし、と抗議の手紙をよこす人が、いまもときどきいる。わたくしが太平洋戦争といつも書いているのが気に入らないらしい。わたくしは、この対米英戦争を自存自衛のための戦争と位置づけている。「開戦の詔書」はそう明記している。

そして、われら国民の願いとは無関係に、当時のリーダーたちがとんでもないことを意図していた事実があることも指摘しておきたい。昭和十八年五月三十一日、御前会議で決定された「大東亜政略指導大綱」の第六項である。

「マレー・スマトラ・ジャワ・ボルネオ・セレベス（ニューギニア）は、大日本帝国の領土とし、重要資源の供給源として、その開発と民心の把握につとめる。……これら地域を帝国領土とする方針は、当分、公表しない」

アジア解放の大理想の裏側で、公表できないような、夜郎自大な、手前勝手な、これらの国々の植民地化を考えていた。この事実だけは、二十一世紀への伝言として日本人が記憶しておかねばならないことなのである。

『昭和史残日録　1926-45』

昭和十八年、私の夜行軍

夜行軍とかで高尾山から明治神宮まで夜通し歩いたことがあった。中学一年生のとき、いまから三十七年前の夏だった。疲れはてて隅田川を渡って戻ってきたこの町は、心なぐさめられるたたずまいをもっていた。

『隅田川の向う側——私の昭和史』

二万五千人の出陣学徒に東条英機は

ときに昭和十八年（一九四三）十月二十一日、所は神宮外苑、天候雨。……これほど多勢を戦場へ送り出すべく、死んで来いと高みから叱咤激励するのは、さぞやいい心持ちであったであろう。その訓示にいわく。

「……ただいま諸君の前に立ち、親しくあいまみえて、私は神州の正気劃《かく》然としていまここに集結せられて居るのを感ずるものであります。……諸君はその燃え上がる魂、その若き肉体、清新なる血潮、すべてこれ御国《みくに》の大御宝《おおみたから》なのである。このいっさいを大君の御為《おんため》に捧げたてまつるは、皇国に生を享けたる諸君の進むべきただ一つの途である」

その人、東条英機内閣総理大臣兼陸軍大臣。とにかく、この髭と眼鏡の陸軍大将は独裁者よろしく偉く壇上に聳え立っていた。
その大将がいつの間にやら「昭和殉難者」とよばれて戦争犠牲者になってうやうやしく靖国神社に祀られている。当時中学生でありいまや老骨のわたくしは、人の世の有為転変にただ目を白黒するばかり。

『歴史のくずかご』

昭和十九年三月にはじまったインパール作戦とはつまり

インパール作戦は決行された。常識を超えたところで軍の力学が働きはじめ、不可能なことを可能であるかのように錯覚するのである。この戦いの悲劇性は、今度の戦争のなかでも、その極限の例を示すが、それは上層部を形成した将軍たちの功名心と保身と政治的必要に根拠をおいていたのである。統帥の錯誤と怠慢と夢想とを、第一線の将兵は義務以上の勇気と奮戦によってあがなわねばならなかった。

『完本・列伝　太平洋戦争』

神風特別攻撃隊について天皇は

昭和十九年十月二十五日、神風特別攻撃隊による最初の体当り攻撃が行われた。二十六日、軍令部総長よりこの奏上を受け、天皇はいった。

「そのようにまでせねばならなかったか。しかし、よくやった」

無電で伝えられた前線基地の将兵は感奮したという。われわれはまだ宸襟《しんきん》を悩まし奉っているのかと。この、天皇の言葉と将兵の感奮の事実を見つめていると、奇妙な感慨にとらわれてくる。「そのようにまでせねばならなかったか」のうちには、仁慈に満ちた天皇の姿がある。そして同じ人が、大元帥として「しかし、よくやった」と賞詞を述べるのである。一人の人間のなかに、政治的人格として二人の人間が共生しているかのような感じにとらわれざるをえない。

しかし、いかによく将兵が特攻によって奮戦しようと、昭和二十年六月ともなると、戦いの結末はもうみえていた。

『指揮官と参謀』

特攻の指揮をとった人が昭和十九年に言ったこと

総指揮をとった関大尉が、出発前に言ったといいます。

「日本もおしまいだよ。僕のような優秀なパイロットを殺すなんて……しかし、命令とあれば、やむを得ない。日本が負けたら、KA《ケーエー》（家内）がアメ公に何をされるかわからん。僕は彼女を守るために死ぬ」

こうして十月二十五日に基地を飛び立ち、再び帰りませんでした。二十八日、海軍は神風特別攻撃隊を大々的に「命令ではなく志願による」として公表しています。

『昭和史1926-1945』

金輪際許せないこと

志願による十死《じっし》零生《れいせい》の特別攻撃は、金輪際許すことはできない。命令できないことを強制するのは、人間としてしてはならないこと。真の人間悪を、至純な精神のオブラートでくるんではならぬ。責任をとろうとしなかった計画者や指揮官のことを、一緒に祀《まつ》ることはできないと思う。

『「昭和史」を歩きながら考える』

昭和十九年八月、学校ではなく軍需工場へ

われら府立七中の二年生が動員された工場は、同じ向島区にある大日本兵器産業という零《れい》式戦闘機（ゼロ戦）につんでいる二十ミリ機関銃の弾丸を製造している大工場でした。もっとも、われら二年生は旋盤などの機械を操作しての製造ではなく、でき上がった弾丸や薬莢《やっきょう》の検査が与えられた仕事でした。……

まだ大人になりきっていない中学生であろうと、国家の一大事に身を捨てて殉ずること、そこに最高の意義がある。まさに「一旦《いったん》緩急あらば」われら学徒も国のために喜んで死ぬのです。そんなすさまじい時代であったというわけです。

『15歳の東京大空襲』

灰色の軍需工場で

新聞に、中国を爆撃している荒鷲の写真があって、特号活字で「全弾命中」とあった。上から落とせば大きな中国大陸に命中するのは当り前じゃないか、とつぶやいたばかりに、物理学校の、おっさんみたいな学生の往復ビンタをしこたま食らった。戦死するとき、兵はみな「お母さん」という、と断言したため、袋叩きにされた。あの中島河太郎という教師には、敬礼の仕方が悪いとシャベルで、十日間も坐れなかったほど尻をぶっ叩かれた。

ともかく、昭和十九年十一月、「君は鍬とれ吾れは槌　戦う道に二つなし」で、軍需工場へ動員されてからは、身の周りにつまらぬことばかり起った。フォークナーばりにいえば、それは灰色の年の、灰色の月の、灰色の日々であった。

『隅田川の向う側——私の昭和史』

昭和十九年、悪い冗談もいつか真実のごとく

「主婦之友」十二月号にこんな記事が載っている。ルーズベルトによる敗戦後の日本処分案について、である。

「働ける男を奴隷として全部ニューギニア、ボルネオ等の開拓に使うのだ。女は黒人の妻にする。子供は去勢してしまう。かくして日本人の血を絶やしてしまえ。日本本土に上陸したら、虐殺競演《コンクール》をやろう。女は別である。女についてはは自ら道がある。子供には奴隷としての教育を施すのだ」（「敵のほざく戦後日本処分案」より）

あるいは悪い冗談であったのかもしれない。が、世の中全体がおかしければ、悪い冗談がいつか真実のごとくに全体を覆って、現実感《リアリズム》は失われてしまうのである。

『B面昭和史』

昭和十九年暮れの東京で

電車やバスが宮城《きゅうじょう》や靖国神社の前を通る時には、決まって車掌《しゃしょう》さんが「最敬礼《さいけいれい》！」と叫び、乗客は皆、立って最敬礼をしました。「空に神風《かみかぜ》、地に肉弾《にくだん》」というスローガンが流行《はや》っていたと思います。「一億一心《いちおくいっしん》」という言葉も私たちの身の回りにありました。そういう状態で昭和二十年の正月を迎えたのです。

『昭和史1926-1945』

大日本帝国の断末魔

昭和二十年はまさに「特攻の秋《とき》」である。戦場も銃後もなく一億総特攻である。祖国の明日のためには、これ以外に道はないと、決然と死地に赴いた若き特攻隊員が美しく、哀れであればあるほど、それを唯一の戦法と採用した軍の思想は永久に許すことができない。神風特攻も回天特攻も志願によった、とされている。志願せざるを得ない状況にしておいて志願させるのでは、形式にしかすぎないのである。そこには指導者の責任の自覚もモラルのかけらもない。おのれの無能と狼狽と不安とを誤摩化すための、大いなる堕落があるだけである。

『B面昭和史』

かりに反戦思想をもった人がいたとしても

戦争の見通しについて、和平派にも主戦派にも大きな懸隔がなくなったときでありながら、なおかつ戦争を終結にもっていく具体的な政策は発見されなかった。国家的熱狂がそれを許さなかったと結論してしまえば、まことに簡明であろう。たしかに戦争は一つの狂気の時代であった。日本国民はかならずしも盲目でなかった。大本営発表から戦場の真相をさぐりあてる眼力をもっていた。しかし、それでいて、あらんかぎりの力をつくして戦い、自分と家族の生命を守ろうとしたのである。……

かりに反戦思想をもったひとがいたとしても、無惨に死んでいく仲間に対して、特攻隊の若ものに対して、なんらかの負い目をもたずにはいられなかった。共通の危難を背負った国家という共同体があるとき、共同体と個人のどちらに真実があるのか、それを簡単にいいきることは当時の日本人にはできないことであった。
多くの青年たちが運命に身をゆだねながら、なんとかして心の底から戦争を納得したいともがき、悩み、傷つき、うめき、そして死に急いでいった。

『原爆の落ちた日』

東京大空襲の夜は北風が強かった

その夜の東京の上空は晴れ、十〜二十メートルの北風が紙屑《かみくず》を飛ばして吹き荒れています。寒気もひどく道は凍《い》てついていました。……東京防衛の第十飛行師団はうかつにもこの夜にかぎって、B29の大編隊の接近をしらなかったようでした。それで空襲警報がずいぶん遅れました。……

目標は隅田川と荒川放水路と中川によって囲まれている広大な低地帯、それは人口のもっとも密集している東京の下町です。……

わたくしは外へ出てみて驚きました。もう南の方が真っ赤に燃え上がっているのです。

その火の中をつぎからつぎへと低空飛行のB29が突っきっていくのが見えました。……あれよあれよという間に、まわりは火の海です。焼夷弾は恐れるに足らずなんてウソもいいところです。それで逃げ遅れた。……

火と煙とが束になり火流となって、渦巻きながら地面を走っています。……右往左往しながら、逃げ道を自分で選択しなければなりません。火と黒煙が轟々《ごうごう》と音をたてて追ってきます。いつの間にか近所の仲間ともはぐれて、たったひとりとなって逃げているわたくしは、自分の判断で西の大きな隅田川を避けて、東のずっと幅の狭い中川への道をとることにしました。

『15歳の東京大空襲』

中川の河岸で見た修羅場

中川の河岸に辿《たど》りつくと、平井橋畔のちいさな広場はすでに避難の老若男女で埋まっている。とにかく人が大勢いることは力強いことで、助かったとホッと息をつく思いをしたが、それはとんでもない間違いであった。追ってくる猛火の凄絶《せいぜつ》さは、火と風とが重なり合ってちょっとした広場なんかないにひとしいのである。ついに迫ってきた火の柱から噴き出される火の粉が喊声《かんせい》を上げるようにして人びとにとりつく。逃げ場を失って地に身を伏せる人間は、瞬時にして、乾燥しきったイモ俵に火がつくように燃え上がる。髪の毛は火のついたかんな屑のようでもあった。背後を焼かれ押されて人びとがぼろぼろと川に落ちていく。広場も川も生き死にをわける修羅《しゅら》場《ば》と化して、人間そのものが凶器になっている。

『日本国憲法の二〇〇日』

もう「絶対」という言葉は使わない

家に、いや、家のあったところに戻ったのは、もう太陽も高くなった朝の九時ごろではなかったかと思う。びしょ濡れの洋服を乾かさないことには寒くて寒くてたまらなかったし、それに靴下だけでは焼け跡を歩くことはできない。洋服を乾かす火は周囲に山ほどあった。靴は川に飛び込もうと人が脱いだのが何足もあった。すべてそれを利用した。いま回想すれば、まわりには炭化して真っ黒になった焼死体がいくつも転がっていたのである。その人たちは船に乗る前にたしかに目にした、あのかんな屑のように燃え上がった人たちであったのであろう。しかし、過去に多くの死体を見てきたためか、感覚は鈍磨していた。

家は綺麗に焼けている。あまり帰りが遅いので焼け死んだかと思っていたらしい父が、どこからともなく姿を現わして、何もいわずにニコニコとしたのが嬉しかったことも覚えている。

そしてその焼け跡で、俺はこれからは「絶対」という言葉を使うまい、とただひとつのことを思った。絶対に正義は勝つ。絶対に日本は正しい。絶対に日本は負けない。絶対にわが家は焼けない。絶対に焼夷弾は消せる。絶対に俺は人を殺さない。絶対に……と、どのくらいまわりに絶対があり、その絶対を信じていたことか。それが虚《むな》しい、自分勝手な信念であることかを、このあっけらかんとした焼け跡が思いしらせてくれた。俺が死なないですんだのも偶然なら、生きていることだって偶然にすぎないではないか。

中学生の浅知恵であろうかもしれない。でも、いらい、わたくしは「絶対」という言葉を口にも筆にもしたことはない。

『日本国憲法の二〇〇日』

東京大空襲の翌朝、坂口安吾は

この無差別爆撃の惨状について、わたくしがウムと唸らせられた描写がある。戦後の二十一年春にかかれたものであるが、作家坂口安吾の『白痴』という小説である。この夜の絨毯爆撃後の下町の情景を、大森に住んでいた安吾はわざわざ〝見物〟にきたのである。わたくしが同じ話をくり返すよりも、これを引用したほうがずっといいことかと思われる。

「人間が焼鳥と同じようにあっちこっちに死んでいる。ひとかたまりに死んでいる。まったく焼鳥と同じことだ。怖くもなければ、汚くもない。犬と並んで同じように焼かれている死体もあるが、それは全く犬死で、然《しか》しそこにはその犬死の悲痛さも感慨すらも有りはしない。人間が犬の如くに死んでいるのではなく、犬と、そして、それと同じような何物かがちょうど一皿の焼鳥のように盛られ並べられているだけだった。犬でもなく、もとより人間ですらもない」

このリアリズム！　そう思う。辛うじて生きのびたわたくしが、この朝に、ほんとうに数限りなく眼にしたのはその「人間ですらない」ものであった。たしかにゴロ転がっているのは炭化して真っ黒になった物。人間の尊厳とかいう綺麗事はどこにもなかった。しかし、いま思うと、わたくしはそれまでにもあまりにも多くの爆弾で吹きちぎられた死体の断片を見てきていたために、感覚がすっかり鈍磨しきっていて、転がっている人間の形をしたそれらがもう気にもならなかったのである。

戦争というものの恐ろしさの本質はそこにある。非人間的になっていることにぜんぜん気付かない。当然のことをいうが、戦争とは人が無残に虐殺されることである。

『B面昭和史』

米艦隊が艦砲射撃を撃つ音を聞いた

私は十四歳の三月に、住んでいた東京・向島が空襲にやられて、そのあとすぐ茨城県の下妻というところに疎開しました。するとその疎開先で、昭和二十年七月の十七日のことですが、今度は米艦隊の艦砲射撃に遭遇したんです。標的は日立でしたがね。しかしこんな不気味なものはないですね。海上でダーンと撃つ音が内陸まで聞こえてくるのですよ。間もなくビューーヒュルヒュルッという音がして、ズシーンと。そして地響きがドドド……と。うちの親父が、こんなところにいたんじゃ死んでしまうというので、こんどは越後に疎開することになるのですが。

『連合艦隊・戦艦12隻を探偵する』

戦中戦後に暮らしたところ

三月十日の東京大空襲で焼け出され、生まれ故郷の向島を捨て、茨城県下妻、群馬県富岡と流れ流れて、父の郷里である新潟県長岡在《ざい》の寒村に居を定めたのが昭和二十年

（一九四五）の夏、いらい二十三年三月の中学（旧制）卒業まで〝雪国〟で暮らした。

『歴史探偵かんじん帳』

戦艦大和と戦艦武蔵

臥薪嘗胆《がしんしょうたん》は明治の合言葉であるが、大正・昭和も然りで、食うものも食わずに働きずくめに働いて、大艦隊をつくりあげ、すべて水底に送りこんだ近代日本の得体の知れぬ国家意思というものには、改めて仰天せざるをえないでいる。戦艦大和・武蔵は、いまでも零式戦闘機とならんで、戦記や戦史の人気役者であるが、あらゆる障害を無視しきって戦争へ突き進んだ「昭和」という時代の、そしてまた日本人にとっての太平洋戦争の、それらは象徴的存在でもあった。貧しい日本人は全精魂を傾けて、このほとんど役立たなかった戦艦をつくり、失い、空しき栄光のみを遺産として将来に伝えることとなった。

武蔵はレイテ海戦で沈み、大和は昭和二十年（一九四五）四月、米軍の沖縄上陸にともない、万死一生の殴りこみに出撃しふたたび日本に帰らなかった。

「……ここに海上特攻隊を編成し壮烈無比の突入作戦を命じたるは、帝国海軍力をこの一戦に結集し、光輝ある帝国海軍水上部隊の伝統を発揚するとともに、その栄光を後世に伝えんとするにほかならず」

連合艦隊司令長官が最後の艦隊に与えたこの訓示が、そのことを物語っている。……よく「軍人はつねに過去の戦争を戦う」といわれる。戦闘の技術や方式の急激な変化を予測することは、たしかに非常なる困難なことに違いない。が、戦いがはじまってそれをまのあたりに見せつけられながら、なお「過去の戦争」を日本人は戦っていた。その悲しき象徴が戦艦大和・武蔵なのであった。

『歴史探偵かんじん帳』

沖縄県民斯《カ》ク戦ヘリ

昭和二十年六月六日付けの、沖縄方面海軍特別根拠地隊司令官の大田実少将が発した海軍次官あての長文の電文を読むたびに、粛然たる思いにかられる。これほど尊くも悲しい報告はないと思われるからである。……沖縄県民が総力をあげて軍に協力し、敵上陸いらい戦いぬいている事実を、大田少将はくわしく記して、最後をこう結んだ。

「沖縄県民斯《カ》ク戦ヘリ。県民ニ対シ後世特別ノ御高配ヲ賜ランコトヲ」

軍は沖縄防衛戦において、共に戦い共に死なん、と呼号して、非情にも県民を戦火の中にまきこんで戦った。そのときに非戦闘員にたいするかくも美しい心遣いを示した軍人のいたことを誇っていい。

そしていま、はたしてわれわれは沖縄の人々に「特別の高配」をしているであろうか。

『昭和史残日録　1926-45』

昭和二十年八月、長岡の在で

昭和二十（一九四五）年八月一日のその夜、わたくしは、長岡市の西南十二キロほど離れた古志郡石津村（現長岡市）岩野にいた。そんな離れたところからも、円形の炎と煙が数千メートルの上空に達し、その円塔を西から東へ、北から南へ突きぬけながら、B29が数百トンの焼夷弾《しょういだん》を投ずる様を、望見することができた。村長である伯父の家の納屋の屋根に、わたくしは腰かけていた。

はるかな対岸の火に動転し、右往左往している村の老若男女の姿が、むしろ笑止ですらあった。同年三月十日の東京大空襲で家が灰じんに帰するまで、数かぎりない爆撃を東京で体験した〝疎開もの〟のわたくしには、落下する爆弾と自分との距離についてきわめて冷徹な判断を下すことができていたのである。

だからこそ一層、火流と化した道路、火焔《かえん》が家々をかけぬけ、火だるまの家財が飛び、そして人間が乾燥しきって、カンナくずに、火がつくように燃える〝地獄〟を、わたくしはまざまざと思い描くこともできた。となりに腰かけていた父が、吐き出すように、

「バカバカしい。早く降伏すべきなんだ。そうすればこんなことにならないんだ」

と、不穏なことを大声でいったのを、わたくしはいまもまざまざと記憶している。

『昭和と日本人　失敗の本質』

「最後の一兵まで」は本気だった

アメリカの政府や統帥部が、日本軍部が日本国民の尻を叩くように呼称する「最後の一兵まで」の空しい豪語を、本気にそうするものと信じていたことは、必ずしも誤断とはいえなかったのである。日本大本営の当初の本土決戦計画は（ソ連参戦が決定的になるまで）、戦場の足手まといとなる老幼病弱者を犠牲にしてでも、日本本土を焦土にしてでも、本土で死にもの狂いで戦い、最終的に天皇を満洲の安全な陣地に移し、ソ連となんとか手を結び、その支援のもとに、必勝の信念をもって米英に対しては徹底抗戦しよう、というものであったからである。アメリカがあらゆる手練手管を使い、ソ連の対日参戦を一日も早く決意させようとしたのは、けっして故なきことではなかった。

『ソ連が満洲に侵攻した夏』

原子爆弾がつくられて

爆弾は敵にたいし使用するためにつくる。威力や大小を問わない。敵を殲滅《せんめつ》するために使う、それ以外のどんな意味があるというのか。たしかに巨大な工場の建設のために十二万五千人の労働者が必要であった。この工場を稼働させるためにはさらに六万五千人。あるだけの頭脳と技術と汗とを投入した。こうして、二十億ドル以上の巨費を食った「怪物」がいまできようとしている。

ヒューマニズムとかモラルとか、ましてや人の情とかがそこに入りこむ余地はない。人類はじまっていらい、およそ戦争というものはそういう凶暴なもの非情なものであると、だれもがそう思うことで軍人たちは自分の心を納得させていたのである。日本人はそれを、まったく、知らないでいた。

『B面昭和史』

かくて原子爆弾は落とされた

戦争という〝熱狂〟は、人間をやみくもに残忍、愚劣にして無責任へとかりたてるものなのであろうか。いや、途轍もなく強力な新兵器を、膨大な資金（二十億ドル）と莫大な労力（合計すると五十万人）をかけて造りあげたとき、それを使わないほうがおかしい、と、そう考えるのが人間というものなのか。

『日本のいちばん長い夏』

石内都さんが撮った「ひろしま」

焼け爛《ただ》れて変質したメガネのガラスは原爆の熱線の凄さを語っていますが、むしろ驚かされるのは若い女性たちがあの朝、身につけていた衣類の数々です。……

アメリカが原爆の実験場にするために、その日の朝まで無傷にとり残していた都市広島は、米軍の本土上陸を迎え撃つための第二総軍司令部のおかれた軍都でしたが、同時に豊かなモダン都市でもあったのです。写真からその街に暮らす人びとの、その直前まで営まれていた丁寧な穏やかな暮らしぶりが透けて見えてきます。そして衣類や小物たちは、今なお私たちに原爆の悲惨さを無言のまま問いかけてくるのです。

いったいなぜこんな戦争をしてしまったのかと――。

『半藤一利が見た昭和　文藝春秋増刊　くりま』

果て知らぬ死者の列

生命のなかに、目には見えないが否定できない〝死〟を抱いた人間が、どのような不安と苦痛のうちに日々を生きているのか、その人以外に正確には知ることができない。それは八月六日に襲った〈地獄〉とは違うもう一つの〈地獄〉であるにちがいない。

〝あの日〟広島や長崎にいた人たち、あるいは救援におもむいた人たちは、一人ひとりが被爆者健康手帳をもっている。その数は日本中で三三万九四二三名という。この人たちは、年齢ではなく、爆心地からの距離で人生を測るのである。突然に襲う〈死〉の予感におびえながら。

たとえば広島市を例にとろう。昭和四〇年七二八名、四一年一一二一名、四二年は一一三五名、四三年一二三一一名、四四年一一三三三名、四五年一一一四八名、四六年一一一五〇名……と、〝八月六日〟の死者は果てしらぬ行列をつらねている。各県からの報告がないため正確なことはわからないが、これが日本全国の人びとあるいは各外国人をふくめれば、と思うとき背中にしびれが走る。

不安と不眠の幾千の夜をつみかさねたあげく、いま、一見してなんの異常もない日々を過しているある被爆者がいる。もう五〇歳をこえたその婦人は、堅固な生活をつくりあげているのであるが、ときおりはかりしれない倦怠感《けんたいかん》におそわれて、ふとつぶやくという。

「もう一度、原爆が落ち、それも無数の原爆が落ちて、この世界が破滅してしまえばいいのだ」

これに答える言葉を、われわれはもっていない。

『原爆の落ちた日』

ソ連対日参戦の高潔な理由

なぜソ連が対日参戦に踏みきったか。
(一) 将来の日本の侵略に備えた安全保障。
(二) 西側同盟諸国にたいするソ連の神聖なる義務。
(三) 中国、朝鮮ならびに他のアジア人民の日本帝国主義者にたいする闘争を援助するという道徳的義務。(編註・『ソ連史』より)
以上、三つの高潔な動機に帰している。理由はどうにでもつけられる。「正義の戦争」があるはずはないのである。

『ソ連が満洲に侵攻した夏』

「ソ連は出てこない」と、なぜあの時考えたのか

考えてみると、人は完全な無力と無策状態に追いこまれると、自分を軽蔑しはじめる。役立たず、無能、お前は何もできないのか。しかし、いつまでもこの状況にはいられなくなる。逃れるために、いや現実は逃れることなどできないゆえに、自己欺瞞にしがみ

つく。ソ連軍はでてこないという思いこみである。来るはずはないという確信である。

『ソ連が満洲に侵攻した夏』

白旗を掲げられなかった理由

——あの悲惨な戦争を、なぜ、もっと早く止めることができなかったのか？　という質問を多くの人から受ける。後世からみれば何と愚かなことを、という酷評を甘受するほかはないのであろうが、大日本帝国はそんなに簡単に白旗を掲げるわけにはいかなかったのである。なぜなら、アメリカが頑強に「無条件降伏」政策を突きつけていたからである。……戦争に勝利のないことが明らかになっても、乾坤一擲の決戦によって何とか大勝利を得て、少しでも有利な条件で講和にもちこみたい、政府も軍部も悲壮なまでにそう祈願し、あるはずのない必勝の作戦を模索し戦いつづけていたのである。

『昭和史探索6』

軍部首脳が考えていたこと

事実、参謀本部首脳や阿南陸相が考えていたのは、十月に予想されていた九州上陸作戦で一撃を与え、終戦にもちこむということで、関東地方上陸のときは勝算はなくゲリラ戦以外にないとしていた。

『日本のいちばん長い日』

〝最後のひとりになるまで〟の決意

もともと竹下中佐、井田中佐、畑中少佐の三人は東大教授平泉澄《ひらいずみきよし》博士の直門として昭和十年ごろよりずっと兄弟弟子の関係にあった。彼らは平泉博士より、自然発生的な実在としての国体観を学んでいた。一言でいえば、建国いらい、日本は君臣の分の定まること天地のごとく自然に生れたものであり、これを正しく守ることを忠といい、万物の所有はみな天皇に帰するがゆえに、国民はひとしく報恩感謝の精神に生き、天皇を現《あら》人神《ひとがみ》として一君万民の結合をとげる――これが日本の国体の精華であると、彼らは確信しているのである。

その考え方からすれば、無条件降伏の根本理由などは、自分の生命が惜しいからというう売国奴《ばいこくど》の論理であるか、早ければ早いほどあらゆる面での損害が少ないからという唯物的戦争観でしかない、との結論に到着するのである。彼らの考えるところでは、戦争はひとり軍人だけがするのではなく、君臣一如《いちによ》、全国民にて最後のひとりになるまで、遂行せねばならないはずのものであった。国民の生命を助けるなどという理由で無条件降伏するということは、かえって国体を破壊することであり、すなわち革命的行為となると結論し、これを阻止することこそ、国体にもっとも忠なのである、と信じた。

『日本のいちばん長い日』

玉音放送のそのときまでも

十五日正午の天皇放送を聞くまで、日本人は最後の一人になるまで戦い抜くつもりでいた。天皇放送を聞き、多くの人は満目蕭条《まんもくしょうじょう》たる焼け跡の広がりを眺め、そしてことあらためて思ったことは、この戦争で空しく死ななければならなかった人たちのことではなかったか。その人たちはいまもなおわたくしたちに語りかけている。すなわち戦争が悲惨、残酷、そして非人間的であるということを。さらに、空しいということを。

『B面昭和史』

大元帥と天皇陛下

昭和天皇というかたは、大元帥陛下であるとともに天皇陛下である。大元帥陛下と天皇陛下、どっちが偉いのか、また終戦のときにはどっちだったのかというふうに私なんかは考えちゃうんですが、やっとわかったんです。終戦のときは天皇陛下だったんです。要するに大元帥陛下と天皇陛下が並んでいる。その上にいわば大文字の天皇陛下がいるんですね。国政をみる天皇陛下と軍隊を統率する大元帥陛下と、その上に大きく国全体をみる天皇陛下がいるんだと。しがたって大元帥陛下は大文字の天皇陛下の家来であるというふうに理解すると、終戦のときの昭和天皇の決断は非常によくわかるんです。

『「昭和」を点検する』（保阪正康氏との対談で）

徹底抗戦の夢を捨てた陸軍

阿南陸相自刃、森師団長殉職により、全陸軍は喪に服したように、徹底抗戦の夢をすてた。将兵の心のうちにのこっていたあきらめきれないなにものかが断ちきられた。その死は無言の教示を垂れた。陸相の感じた「大罪」は、全陸軍のものであった。そして、椎崎、畑中、古賀ら青年将校の死が、一時の狷介《けんかい》な精神から発した暴挙、あるいは行動を反省する機会を、多くの将兵にあたえた。国体護持を完全ならしめるために本土決戦をとなえた全陸軍軍人は、その国体護持を完全ならしめるために、生きのびて国家再建に邁進《まいしん》すべきであろうと説く一連の運動が、そこに生れてきていた。

市ヶ谷台上には、なお天日のもと機密書類を焼く煙が高く立ち昇っている。それは彼らの過去を葬っているにひとしかった。すべてが消えて空しくなっていくであろう。しかし、新しい日本国までが死んではならなかった。

『日本のいちばん長い日』

私は玉音放送を工場で聞いた

この放送を、わたくしは勤労動員先の新潟県長岡市の津上製作所の工場内で聞いた。三月十日の東京大空襲で焼け出され、やむなく父の郷里である長岡在の寒村に疎開し、ひきつづき勤労動員で働いていたからである。

重大放送があると知らされて、機械はその直前にいっせいに止められて、工員も中学生もラジオの拡声器の前に集まった。工場内は妙にシーンと静かになったのに、昭和天皇の言葉はほとんど聞きとれなかった。けれども、堪え難きを堪え忍び難きを忍び、と意味はきわめて明瞭である。天皇の一種異様な、抑揚のついた朗読が奇妙なくらいおかしく聞こえ、内心に珍無類《ちんむるい》な連想がわき起こり、降伏とわかったのに思わずクスリとなったことを覚えている。

それは東京・下町の算盤《そろばん》塾での、先生の数字の読みあげなのである。願いましては五十六銭なり八十八銭なあり……という、しかも初等クラスでのゆっくり抑揚をつけた調子が、ありありと耳底に蘇《よみがえ》ったのである。御破算で願いましては……。そうなんだと思った。

「とうとうわが大日本帝国もごはさんになったんだな」と。

いま思うと不謹慎ながら、それが天皇放送を聞いた直後の最初の感想であった。あの酸鼻をきわめた空襲をくぐりぬけた少国民として、相当にスレていたのかもしれない。

『十二月八日と八月十五日』

玉音放送のあとで

放送を聞いて少し時間が経過すると、俄然《がぜん》、悲壮感というか絶望感というか、情けない気分に落ち込んでいたのであるから世話はありません。祖国敗亡がしみじみと悲しかったのです。あんなに死に物狂いで一所懸命に戦ったのに、という口惜《くや》しさのまじった悲しみでした。

与太公《よたこう》的な同級生に誘われて、工場隅の防空壕にもぐりこんで、禁じられていた煙草《たばこ》を生まれてはじめてふかしたのはその直後のことです。国が敗れたからには、やがてアメリカ軍やソ連軍がやってきて、女たちは凌辱《りょうじょく》され、男たちは皆奴隷となる。お前たちは南の島かシベリアかカリフォルニアへ連れていかれ重労働させられる、と前々から大人たちに教えられていましたから、人生の楽事は早いとこ知っておかなくちゃ、というはなはだ捨てっぱちの気持ちになっていました。ただし、そのとき吸った一本の煙草の味については記憶がまったくありません。

「煙草のつぎは、オンナだなや」

「オンナ？　どこにおるんだい、われわれのいうことを聞く女が……」

「工場内に、勤労動員の女学生がいっぺえいるじゃねえか」

そんなタワケタ会話をかわしたのは覚えています。


『15歳の東京大空襲』

戦後、日本四分割構想があった

日本も分割される危険性があった、という微妙な事実にふれておく。

竹前栄治氏の研究によると、アメリカの三省（陸軍・海軍・国務）調整委員会は、早くから日本占領の統治政策についての討議を重ねていた。第一局面として、日本降伏後の三カ月間は、米軍八十五万が軍政をしいてゲリラなどの抵抗を完全に抑える。が、いつまでも米軍将兵を帰国させないというわけにはいかない。そこで第二局面となるつぎの九カ月間は、米・英・中国・ソ連の四カ国が日本本土に進駐し、これを統治する。……さらに、東京は四カ国が四分割して統治する、という決定をみたのである。そして、これが成文化されたのが、なんと、昭和二十年八月十六日のことであったという。

『ソ連が満洲に侵攻した夏』

シベリア抑留のはじまりは

歴史的事実としていうならば、八月十六日にトルーマンに宛ててスターリンが手紙を出しています。その手紙は何かというと、北海道を半分くれという手紙でした。「……北海道島の北半と南半との境界線は、島の東岸にある釧路市から島の西岸にある留萌市にいたる線を通るものとし、右両市は島の北半にふくめること」と。トルーマンは「とんでもない。断固としてノーだ」と、これを蹴った手紙は八月十八日付けでした。

これに対しスターリンは、八月二十二日付けで、不満タラタラの手紙を再度トルーマンに送ります。それでスターリンが何を考えたかというと、シベリア抑留なんですよ。ソ連極東軍総司令官ワシレフスキー大将に極秘の命令「捕虜にかんする実施要綱」を発したのが八月二十四日でした。いちばん大事なところを紹介しましょう。

「旧日本軍の軍事捕虜のうちから、極東とシベリアの気象条件のなかで労働可能な身体強健な捕虜を、最低五十万人選抜せよ」

これがシベリア抑留のはじまりでありました。

『日本のいちばん長い夏』（松本健一氏との対談で）

亡国にさいして責めるべきは

有史いらいはじめての亡国にさいし、軍部だけを責めるのは大局を誤ることになる。このとき、日本の政治家や外交官もそれ以上に責められねばならない大きな過ちを犯している。かれらもまた、降伏にさいして国際法的に厳密に、かつ緊急につきとめなければならないことについて、素通りというより無知と錯覚で見すごす、という許されざることをやっている。それが満洲にある日本人すべてになにをもたらすか、のちにあまりにも明らかになる。

『十二月八日と八月十五日』

みんなが燃やしちゃった

陸軍省と参謀本部などがあった市ヶ谷台の庭では、終戦前日の八月十四日の晩から十五、十六、十七日まで延々と火が燃えていたそうです。陸軍が資料を燃やしていたんですね。ただ、陸軍の悪口ばかりは言えない。新聞社もみんな日比谷公園に集まって、資料から写真まで燃やした。
本当に日本人は歴史に対するしっかりとした責任というものを持たない民族なんですね。軍部だけではない、みんなが燃やしちゃったんですから。

『「東京裁判」を読む』（保阪正康氏・井上亮氏との鼎談で）

国家の大事な仕事とは

ポツダム宣言の実施でわれわれは裁かれる。軍事裁判がおこなわれる、それが怖いから都合の悪い資料は残さない、燃やしてしまえというのは、明らかに自分の時代しか考えていない、「おれの仕事」しか考えない、後世の者への信義に欠けている。……
国家には「資料の整理保存、それがおまえの仕事だろう」と言いたいですね。

『「昭和」を点検する』（保阪正康氏との対談で）

開拓団、集団自決の心理的背景

疲れはて追いつめられ絶望的になった開拓団の集団自決が、八月二十日を過ぎたころよりいたるところではじまった。生命を守ってくれる軍隊に逃げられ、包囲されて脱出の望みを絶たれた人びとにとって、最後に残された自由は死だけであった。諦め、無関心に陥り、みずから死を選ぶことによって救われようと思う。忍耐の限界を越えると、生きていることはむしろ無意味な苦痛となっていく。

『ソ連が満洲に侵攻した夏』

二度と「引き揚げ者」を生まないために

昭和二十三年、藤原さんが引き揚げ体験を書かれた『流れる星は生きている』が大ベストセラーとなり、日本人は大変な感銘を受けたわけなんですが。……

満洲に渡った民間の日本人は約百六十万人、そのうち開拓団は二十七万人でした。そして十七万人以上の人が日本へ帰って来ませんでした。八月十五日以降、国家はこの人たちを何の保護もせずほっぽりだした。まさに棄民なんですよね。今日の日本のスタートには、日本人が加害者でありながら被害者になった、被害者でありながら加害者であったという妙な時代があったわけです。……

それにつけても思うのですが、今日の経済大国の日本は何百万人もの人が外地に進出していますす。この在外邦人を二度と「引き揚げ者」にしないためにも、日本人は加害者であってはならないということが大切なんでしょうね。

『昭和史が面白い』（藤原てい氏・なかにし礼氏との鼎談で）

満洲国をもったがために

満洲国という巨大な〝領土〟をもったがために、分不相応な巨大な軍隊を編成せねばならず、それを無理に保持したがゆえに狼的な軍事国家として、政治まで変質した。それが近代日本の悲劇的な歴史というものである。

なぜ日本人は「終戦」と呼んだのか

そういえば、新聞を食い入るように読んでいた父が、「ウム、ここには敗戦という言葉はない。降伏という言葉もどこにも発せられていない。日本は負けたんじゃないのかもしれない」と、呟いたのを記憶している。……

明らかに敗戦であるのに、「終戦」と呼び替えたことが、「負けた」という事実を認めようとしない、あるいはそれを誤魔化そうとする指導者たちの詐術のごとくに、批判的に指摘されている。それはもうそのとおりである。しかし、当時、国民が敗戦を終戦と呼んだのは、単に「敗戦」という表現を嫌ったという理由からだけではないように思われる。そこには一億総兵士、一億玉砕まで戦うという総動員体制がスゥーと消え去ったという安堵感があり、この、とにかくこれ以上戦わなくていいのだ、戦争は終ったのだという安心した気持に「終戦」という言葉はぴったりり、国民的な実感があったのである。

そんな気がしてならないのであるが……。

『十二月八日と八月十五日』

戦後の虚脱とは、つまり

戦後の虚脱と一言でいう。換言すれば無気力ということにほかならない。たしかに日一日と経つうちに、張り合いを喪失し、働く気力を失い、ぼんやりと時間の経つにまかせている人が多くなっていく。大袈裟《おおげさ》にいえば、天皇放送以後、日本人の多くにとっては自分たちが懸命に生きてきた〝時代〟というものが一気に消えてしまった。非常時の名の下に煩《うるさ》くいわれていたことが無に帰すと、つまり制約が一切合財なくなってしまうと、人びとは無目的となりなぜか落ち着かなくなる。国家的忠誠、撃ちてし已《や》まむ、挙国一致、といった厳しい体制が、いわば社会秩序になっていたのに、それからわけもわからずに解き放されてしまうと、何らかの精神的退廃をもたらすのか……。

あの日の慟哭《どうこく》と嗚咽《おえつ》が遠ざかるにつれて、日本人は見事に変貌しはじめる。……死ぬ必要がなくなり、いまや生きるための欲望に憑《つ》かれてしまった人びとの関心のなかには、天皇も憲法もこれからの日本も、いや隣人も他人もなくなる。生きぬくために、自分のことだけしか考えられなくなる。

『日本国憲法の二〇〇日』

リンゴの唄を歌った女性歌手

並木路子は浅草生まれ、昭和十三年に松竹歌劇団に入る。東京空襲でみずからは九死に一生を得たが、一緒に隅田川へ飛びこんだ母親は遺体となって浮かんだ。父親も南方で殉職死、次兄は千島列島で戦死。たたみかける戦争の傷みを抑えて、彼女は懸命に歌ったのだという。そんな悲しみがあったことも知らず、人々は明るい声に耳を傾けたが、よく聞くと、徹頭徹尾悲しい歌であると思えてくる。

『隅田川の向う側——私の昭和史』

昭和二十年八月二十八日の「一億総懺悔《ざんげ》」発言から

　東久邇宮首相が記者会見で、とつとつとして太平洋戦争の敗因について語ったのである。

「ことここに至ったのはもちろん、政府の政策のよくなかったからでもあったが、また国民の道義のすたれたのも、この原因の一つである。このさい私は軍官民、国民全体が徹底的に反省し懺悔しなければならぬと思う。一億総懺悔することが、わが国再建の第一歩であり、わが国内団結の第一歩と信ずる」

　首相から「懺悔せよ」と諭された民草が、これを読んだのは三十日の朝刊紙上においてである。ところが、なぜ、超大国を敵としての戦争に敗けたことをわれわれが反省し懺悔しなければならないのか、懺悔と詫びねばならぬのは政府・軍部たち指導者ではないか、ときびしく考えた人はあまりいなかったようなのである。……

　よく考えれば、戦時中のスローガン〝一億一心〟を裏返しにしたものである。戦争指導者の責任は、国民全体の責任へと拡散されて転嫁され、国民一人ひとりの責任は全体へともやもやとまぎれこんで、結局は雲散霧消した。

『B面昭和史』

「一億総懺悔」が戦後日本に与えた影響

「一億総懺悔」は、そう影響がなかったと言う人もいますが、その後の日本人の精神や日本の歩みを見ても必ずしもそうではないように思えるんです。みんなして悪かったんだからお互いに責めるのはよそうじゃないかという「なあなあ主義」につながりもし、同時に、この言葉のなかに、トップ層の、結局は戦前戦中と変わらない国民指導の理念が垣間見えるからです。つまりこれが、「戦後どういう日本をつくるか」をわれわれがしっかり考えるための大きな障害になったと言いますか、むしろわれわれにそれを考えさせないようにした、という気がするんです。そしてこの先、皆がなんとなしに「そういうもんか」と、責任を追及しなくなったような印象があるのです。

『昭和史　戦後篇　1945-1989』

『戦争論』を誤読した

クラウゼヴィッツの「戦争は別の手段をもってする政治の継続にすぎない」という大原則が、なぜか第二次大戦においては忘れられていたことに、わたくしはびっくりしている。これこそが戦争を考えるときのいちばんの真理であると思っている。クラウゼヴィッツは戦争は政治の道具だといっているのである。戦争という暴力行為は政治目的の表出であって、その代償行為ではない、と説いているのである。……

それを戦前の日本人は見事に誤読ないし誤解していた。

第一の誤読が、政治と戦争との関係が可逆的であるとする見方である。早くいってしまえば、軍事こそが政治を有効なものにするという改竄《かいざん》である。さらには政治を単に外交へと切り縮めてしまうことである。外交の手段としての戦争と、戦争の手段としての外交という互換を勝手にしてしまったのである。

第二の誤読は、いったん戦争がはじまってしまったら、政治は作戦に干渉すべきではない、という純軍事論である。かつての日本帝国の〝統帥権の独立〟はまさにそれであった。最高統帥に完全な自由が与えられないと、戦争は勝利に結びつかないと信じこんでいた。

このように、軍事に強圧的にひきずられた日本帝国の政治に、政治的大戦略はありうべくもなかった。ドイツの勝利を唯一の頼みの綱として、戦勝後のドイツの世界戦略のアジアにおけるおこぼれにあずかる。それを大戦略と錯覚していた昭和の軍人や政治家が、クラウゼヴィッツを読みこなしていたとは思えない。大東亜共栄圏も、戦争指導の根拠として、あとからとってつけた政治的目標にすぎなかった。

『歴史探偵　昭和史をゆく』

昭和二十年八月二十八日の石原莞爾

八月二十八日、読売報知新聞に元陸軍中将石原莞爾《かんじ》のインタビュー記事が掲載された。これを読んで、「どいつも愚劣にして腰抜けばかりかと思っていた職業軍人にも、すごく土性骨のすわった人がいるもんだねえ」などと、村長であった本家の伯父と父とが語り合っていたのを思い出す。

それをいまあらためて縮刷版で確認してみた。なんと、石原はそこで軍備放棄を提唱しているではないか。これには驚いた。いまにして思うと、これこそが敗戦という厳しい現実にまともに向き合った人の発言といえるのではあるまいか。

「戦《いくさ》に敗けた以上はキッパリと潔《いさぎよ》く軍をして有終の美をなさしめて、軍備を撤廃した上、今度は世界の輿論《よろん》に、吾《われ》こそ平和の先進国である位の誇りを以て対したい。将来、国軍に向けた熱意に劣らぬものを、科学、文化、産業の向上に傾けて、祖国の再建に勇往邁《まい》進《しん》したならば、必ずや十年を出《い》でずしてこの狭い国土に、この尨大《ぼうだい》な人口を抱きながら、世界の最優秀国に伍して絶対に劣らぬ文明国になりうると確信する。世界はこの猫額《ねこがく》大の島国が剛健優雅な民族精神を以て、世界の平和と進運に寄与することになったら、どんなにか驚くであろう。こんな美しい偉大な仕事はあるまい」

明日に何がはじまるか皆目不明であり、ひたすら戦々恐々としている人びとが、はたしてどれほどの落ち着きをもってこれを読んだことか。ほとんど夢物語として屑籠《くずかご》に捨てられたに違いないのであるが。

石原莞爾の人間味

私は、石原莞爾は冷たい人間だったと思ったこともありましたが、必ずしもそうじゃない。仙台の連隊長時代にこんなエピソードがあるんです。

徴兵されて入営してくる新兵はみんな、当時のことだから、紋付き、羽織、袴ですが、ある日、衛兵が雨の中で彼らを整列させた。軍隊は雨の日だって訓練をやるから、衛兵としては当然のことだったのでしょうが、馬に乗ってそこを通りかかった石原連隊長が「紋付きは借り物であるぞ」と怒鳴った。

仙台の連隊へ入営する新兵の大多数は、貧しい農家の出で、紋付きなんか持っていない。村の有力者から借りてきたんだ。それを理解して軒先へ入れてやれ——ということなんです。このあたりの石原莞爾は、なかなかどうして人間味に溢れている（笑）。

『日本国憲法の二〇〇日』

『日本参謀論』（秦郁彦氏との対談で）

元首相東条英機の自決未遂

戦争に敗北することによって、日本人の無知、卑劣、無責任、狡猾《こうかつ》、醜悪、抜け目なさ、愚劣という悪徳がつぎつぎにぶちまけられる。だれもが自分以外のだれかを罵倒しつづけた。日本人が自分たちを矮小化《わいしょうか》し、みじめなくらい自己卑下し、そして相互に浅薄な悪口をぶっつけあったのは、おそらく歴史はじまっていらい、敗戦後の初秋ごろほどすさまじいときはなかったであろう。

そして人間不信、日本人であることの屈辱、嫌悪、情けなさ、それを決定づけたのは、九月十一日の元首相東条英機大将の自決未遂ではなかったか。敗戦いらい失望することのみが多かったが、翌日の新聞で、ピストル自殺に失敗、の報道を読んだときほど、心底からがっかりしたことはない。

『日本国憲法の二〇〇日』

東条英機の形式主義

戦争中に、彼が総理大臣と陸軍大臣と参謀総長を兼任したとき、部下が来て報告すると「それは統帥事項である、ちょっと待て」と言って、別室で参謀懸章を着けて聞いた。彼は参謀総長として聞くわけです。次に陸軍省の局長あたりが来ると、また「ちょっと待て」と言って参謀懸章を外す。今度は陸軍大臣として聞く。それを本気でやったんですね。

『日本参謀論』（秦郁彦氏との対談で）

マッカーサーの日本占領構想

マッカーサーは七時間の飛行中に、頭に浮かぶ日本占領構想を口述している。

「軍事力を破壊しつくす。婦人に参政権を与える。政治犯人を釈放する。農民を解放する。自由な労働運動を確立する。自由にして責任ある新聞を発展させる。……」

敗戦国民のたどる長い苦難の道はこれからはじまる。

『21世紀への伝言』

昭和天皇とマッカーサー

『マッカーサー回想記』にこうある。

「私は、国民が戦争遂行にあたって政治、軍事両面で行なったすべての決定と行動に対する全責任を負う者として、私自身をあなたの代表する諸国の裁決にゆだねるためおたずねした」

昭和20年9月27日、連合軍総司令官マッカーサー元帥と初めて対面したときの、昭和天皇の言葉である。1901年生まれの昭和天皇と、1880年生まれのマッカーサー。簡単に理解し合えるとは思えない。しかし、この言葉にマッカーサーはただもう感激し、天皇を一途《いちず》に尊敬したという。

マッカーサーが解任され日本を去るまでに（昭和26年）、天皇・マッカーサー会談は

11回。憲法、共産主義の脅威、国防、食料、巡行など大事な問題はすべて話し合われた。戦後日本は天皇とマッカーサーのいわば合作である、といってもいいかもしれない。

『敗戦国ニッポンの記録 上巻』

マッカーサー会見の朝、香淳皇后は

九月二十七日、天皇はマッカーサー元帥をアメリカ大使館に訪ねたが、その朝のこと。早朝から秘密裡の準備のために慌ただしく、理髪師を呼んでいないことが直前になってわかった。狼狽する侍従や女官たちを落ち着かせるように、皇后がいった。「それならば、私がやりますから大丈夫」と。いまも写真に残るあの歴史的会見の天皇の髪型は、皇后お手ずからのものであったのである。

『手紙のなかの日本人』

私の昭和二十年九月二十七日

さて、わたくしの場合である。明瞭に覚えているのは、紙巻き器で煙草を巻きながら聞いた進駐軍放送なのである。ラジオで九月二十日の夜から「実用英会話」がはじまり、二十三日から進駐軍放送が毎晩ジャズやニュースを流し始める。殊勝なる中学生は将来のために英語を学ぼうと、せっせとコンサイスを破いて自分用の煙草を作りながら放送を聞いていた。と、飛び込んできたのが、

「ヘロヘト・バウ。……ヘロヘト・バウ。……」

という言葉である。しかも何遍もくり返されるが、貧しい語学力では何のことやらであった。数日して新聞に、記念写真が載って、わたくしはヘロヘト・バウをただちに了解した。陛下がマッカーサーにペコンとバウ（お辞儀）をして、戦争は終わったんだな。何だ、これですむなら、もっと早くバウすればわが家は焼けなかったものを、とたちのぼる紫の煙のうすれゆくのを眺めながら、不遜なことを思ったりしたことであった。

『日本国憲法の二〇〇日』

武装解除がされたとき

GHQは、昭和二一年（一九四六）一月、戦争中に要職にあったものの公職追放を命令した。いわば日本帝国の残滓の大掃除だった。

もちろんそれ以前に、ワシントンからの指令の第一目的たる日本の「非軍事化」は、電撃的に処理された。八月一五日現在、海軍の艦艇はほとんどなかったが、陸軍は日本本土に五七個師団約二五七万名余の兵力を有し、陸海合わせて約一万六〇〇〇機の航空機が残っていた。これらがおとなしく武器をすて、武装解除が完了したのは一〇月一五日。

一発の発砲もなく、ただ一人の死傷者もなくこれが完了したというのは、世界中のだれの眼にも奇跡としかうつらなかった。

『「昭和」を振り回した男たち』

非人間的になること

二十数年、戦争を知らない世代の成長とともに、過去は過去として葬らしめよ、という声も聞くようになりました。核兵器に対する考え方も日本人の心のうちで、位置を変えつつあるようです。原爆はいま教科書からも抹殺されようとし、辛うじて保存された原爆ドームさえ、観光の対象になり下がろうとしています。その原因は、決して長い歳月のせいだけではないように思われてなりません。

戦争の傷が癒えるとともに、いつか私たちの心のなかに、人間そのものから考えずに、機械や組織や権力や制度や数字といった人間とは別のものから考える傾向がうまれてきたためではないでしょうか。非人間的――そのことこそがすなわち「戦争」なのであります。いつ死んでも仕方がない。死ぬのがむしろ自然という状態は、生きていないことと同じことで、こんどの戦争は死の体験を与えてくれましたが、同時に私たちはどのくらい非人間的になれるかということも教えてくれたはずでした。にもかかわらずいま、忘れられようとし、または風化しようとしている。

『原爆の落ちた日』

餓死者七〇パーセント

ここに厳粛なる事実を語らねばならない。大本営の学校秀才的参謀どもの机上でたてた作戦計画のために、太平洋戦争において陸海軍将兵（軍属も含む）は二百四十万が戦死した。このうち広義の飢餓による死者は七〇パーセントに及ぶのである。あまりに手をひろげすぎたために食糧薬品弾丸など補給したくても、とてもかなわぬお粗末さ。わが忠勇無双の兵隊さんは、ガリガリの骨と皮となって無念の死を死ななければならなかった。

『墨子よみがえる』

第四章 戦後を歩んで

戦後がはじまったとき

戦争に敗けた日本の都市は、どこにいっても焼け野原といっていい状態でした。東京、大阪、名古屋、神戸、横浜の五大都市をはじめとして、地方の県庁所在地と思われるところはほとんど爆撃を受けています。なんのためにこんなところまで焼いたのかと抗議したいくらいの無差別爆撃で、約九十都市がやられ、戸数にしますと二百三十六万戸が焼失、罹災《りさい》した人は——わたくしもその一人ですが、八百四十万五千人といわれています。このほか、たとえば一家全滅になったり、爆弾で骨も残らず吹っ飛んだりして、数えることもできないこともあったと思いますから、正確な数字は出てきません。そういう惨たる状況下で戦後日本ははじまったわけです。

『昭和史　戦後篇　１９４５-１９８９』

遮蔽幕がとれて

それまで燈火管制で電燈や窓に黒い幕をつけていたのを、戦争が終わっても率先して取り去る人がなぜかなくて、暗かったんです。そうするうちに指令がきました。記録を見ますと、鈴木貫太郎内閣が八月十五日に総辞職したあとを受けた東久邇宮稔彦《ひがしくにのみやなるひこ》内閣に、昭和天皇が「国民生活を明るくするためにもういいかげん遮蔽幕《しゃへいまく》を取れ」と命じたようで、八月二十日、じつに三年八カ月ぶりに屋外燈がともり、遮幕もすべて取られ、街がパァーッと明るくなりました。それまでは外に光が漏れると「このやろう、非国民め」と表から怒鳴られたもんですが、それもなくなりました。たしかに明るくなるというのは人間の心をやすめるもので、このへんから人びとの気持ちが落ち着いてきたという感じがします。

同時にラジオ放送が、天気予報をはじめました。……天気予報は戦況に大きな影響を与えるので一切止めていたのですが、その復活だけでこんなにねえ……。新聞にも二十二日から、今あるような天気図が載るようになり、低気圧や高気圧というのはこういうものか、なんて眺めていました。

昭和二十年秋の渋谷で

昭和二十年の秋風が吹くころには、国民の生活はかなり落ち着いてきました。ということは、精神面も落ち着いてきたということです。ただし、食い物がないという貧しさはまったく改善されませんでしたが。

渋谷駅のガード下には今でもたくさんのビラが貼られていますが、当時もさまざまなスローガンが見られました。作家の山田風太郎さんが、わざわざ写したのを日記に書いています。

「餓死対策国民大会！」――やっぱり餓死する人がいたんですね。

「吸血鬼財閥の米倉庫を襲撃せよ！」――なんて物騒なのもあります。

「赤尾敏《あかおびん》大獅子吼《ししく》、軍閥打倒！」――愛国党党首で鳴らした赤尾敏さんがこの頃から大活躍していたことがよくわかります。

昭和二十年十一月二十八日の山田風太郎

恐ろしい話が山田風太郎日記の二十八日の項にある。

「解剖実習室に屍体《したい》二十余来る。すべて上野駅頭の餓死者なり。それでもまだ『女』を探して失笑す。

一様に硬口蓋《こうこうがい》見ゆるばかりに口ひらき、穴のごとくくぼみたる眼窩《がんか》の奥にどろんと白ちゃけたる眼球、腐魚の眼のごとく乾きたる光はなてり。肋骨《ろっこつ》そり返りて、薄き腹に急坂をなす。手は無理に合掌させたるもののごとく手頸紐《てくびひも》にてくくられぬ。指はみ出たる地下足袋、糸の目見ゆるゲートル、ぼろぼろの作業服。悲惨の具象」

上野駅で一日最高六人の餓死者、と新聞が報じたのが、虚偽や誇張でないことが証明されている。こうした暗澹《あんたん》たる「死の行進」が日を追って殖《ふ》えつつあるとき、いまさら何の戦犯か。現実の、庶民を餓死に追い込みつつある戦犯を摘発するほうが先、ということになる。

男女共学制のスタート

「男性は作品を創《つく》る。そして女性は男性を創る」

フランスの作家ロマン・ローランの言葉である。むかしは、実にいい言葉であると、得々として酒場なんかでホステスに訓示がわりに教えていたものである。

しかし、明日の日本は、この男性と女性とを入れかえなくてはならないかもしれない。とにかく昨今の男どものだらしなさには、目を覆いたくなる。大学で成績優秀なのは女子学生。入社試験もだんぜん女子が上のほうに並ぶ。小説家だって女性の花ざかり。

かつては「女子大生亡国論」が論ぜられた。いまや体力、知力、気力とも男子は女子の風下に立つ。男子大生亡国論の要ありか。

さて、そのスタートとなったのが一九四五（昭和20）年一二月四日、幣原内閣の閣議で「女子教育刷新要綱」すなわち、大学の男女共学制がOKとなったとき。あれから五〇年余——。念のためにいうけれど、嘆いているのではない。「女性は平和を創る」といいかえて、心から喜んでいるのである。

『昭和史残日録 戦後篇』

「引き揚げ」の名のもとに

満洲・朝鮮に約100万人、中国に約110万人、南方諸地域に約160万人の合計約370万人もの陸海軍将兵や軍属は、粛々と日本国土に還ってきた。これを「復員」といった。

さらに、中国や満洲その他の外地には多くの居留民がいた。その数約300万人。これら多数の老若男女が、「引き揚げ」の名のもとに、まったく保護なしに母国へ帰ってきた。

国家に見捨てられた引揚者の、帰国するまでの労苦は筆舌尽くし難く、世界史上にもこれほどに苦難の祖国帰還の例はない。とくに幼い引揚者の疲れ切った姿には、戦争の残酷さ、残忍さというものを強く突きつけられ、出迎えた人々の涙を誘ったという。

『敗戦国ニッポンの記録 上巻』

昭和二十一年一月のわが通学列車

わが通学列車（長岡⇕信越線来迎寺《らいこうじ》）はもちろん、どの列車も椅子は三人掛け、窓ガラスはほとんど破れてなく、窓からはどんどん乗客が飛び込んでくる。石炭不足で十二月十五日いらい、列車のダイヤは半減となっているから、何時間も遅れてやっとやってくる列車は超満員で、窓から上半身だけ入って、尻と足とを窓外に出したまま長岡まで運ばれたりした。C57の機関車《おかま》の突っさきに乗ったこともある。いわゆる貴婦人の鼻にぶら下がったようなもので、乗るほうも死にもの狂い、乗せるほうはもっと必死であったろうと、国鉄さんには感謝している。

『日本国憲法の二〇〇日』

東北巡行で昭和天皇は

　昭和二十一年、背広の天皇の東北巡行のとき、徒歩で沿道の人たちの歓迎をうけている天皇の前に、一人の若い娘が進み出た。真っ白な布に包んだ白木の箱を胸に抱き、写真まで添えられてあった。娘は天皇に向けて遺骨を差し上げた。眼前一メートル余の間に、この白い包みと直面した天皇は立ち止まった。そして天皇は……。いや、何もいわなかった。天皇は娘と遺骨に眼を注いだまま、しばし動かなかった。その頬はすこし痙《けい》攣《れん》しているようにみえた。天皇の習慣を知っていたお付きのものや新聞記者は、そのとき、天皇が泣いていることに気がついたのである。小さく痙攣する頬をみながら、かれらは胸を衝かれた。われわれは涙で泣くが、天皇は、頬がやや痙攣するだけなのである。
　戦後ずっと、天皇は軍服を身にまとったことはない。これからも決して着ることはないであろう。

『聖断』

終戦直後の鯉のぼり

終戦直後、まだ吹流しで風向を確認していたころ、ある飛行基地で、敗戦の重苦しさをふきとばし元気をだそうじゃないかということで、吹流しの代わりに鯉のぼりをあげた。飛来してきて着陸しようとした占領軍の飛行士が思わず叫んだという。

“What's signal!?”

なんとなく日本人健在なりを示したような話で、嘘っぱちかもしれないけれどもわたくしはすこぶる好んでこの話を人にする。

『歴史探偵かんじん帳』

消えた空襲犠牲者慰霊塔

敗戦後まもなく、桜で知られる東京の隅田公園に大空襲のため亡くなった十万人余の慰霊塔を建立する計画のあったことを知る人はごく少数であろう。しかし、連合国軍総司令部（GHQ）の命令があり、東京都が許可しなかった。理由は当時は不明瞭であったが、慰霊塔は米国への憎悪を残すことになる、日本国民に早く戦争を忘れさせたいゆえであった、といまはGHQの占領政策によることが明らかになっている。

おそらく空襲で焦土となった日本各地の中小都市でも同じようなことがあったのではあるまいか。

こうした戦後日本を蔽った空気がその後ずっと歴史を知らない数世代を生みだし、あれから七十年が経ったのである。〝歴史に学べ〟との声がしきりにくり返されても、歴史から何を学ぶかについての答えが容易ではないのはやむを得ないのである。

『「昭和天皇実録」にみる開戦と終戦』

戦後一年経っても向島では

そして戦争は戦後一年経っても向島では終わらなかったようである。川や土のなかから思いもかけないとき死骸が姿を現わした。昭和二十一年秋、北十間川で、焼けた船の残骸を薪《まき》にでもするつもりで、ある男が竿《さお》で突いたら、下から土左衛門がぽかんと浮いてきた。

「姿かたちをとどめないその臭い死体のなかに、お前様、うなぎの野郎がいくつもいくつも首突っこんで、腐肉喰《く》らっていたっていうで……」

と、語るおばあさんに出会ったことがある。その臭い死体にわたくしがならなかった保証はどこにもない、あのときもし……とわたくしは嫌でも溺れかけた自分を思い出さないわけにはいかなかった。


『日本国憲法の二〇〇日』

銀座四丁目交差点の「生命売ります」

東京は銀座の真ん中、四丁目交差点には、ＭＰが交通整理に立ち、服部時計店は占領軍ＰＸになり、白人・黒人兵士が集まった。占領下の日本はあわれをきわめた。

そんな混乱がおさまりかけた一九四八（昭和23）年一月二一日、「生命売ります」という看板を胸と背中にかけた男が、寒風に吹きさらされながら数寄屋橋の上に立って、通る人を驚かした。とことん窮してこれ以上生きていても仕方がない。だれかおれの生命を買わないか、というのである。そんな時代が日本にあった。それもそんな遠い昔ではない。

『21世紀への伝言』

マッカーサーの功績

新憲法の制定と個人の人権の尊重・保障と農地改革こそが、マッカーサーの最大にして最高の功績であった、とみたい。昭和前期は、人の生命を塵芥《ちりあくた》のように考え、農村の貧しさと不満の声をテコに、天皇大権を巧みに利用する政治（軍事）が、日本の進路を誤らせてきたのである。と考えれば、この三つこそが、日本をふたたび軍事帝国主義国家にしようという政略を、一挙に砕き、断じて拒絶する決定的な一撃になったともいえる。「国のために」という大義名分のもと、赤紙一枚で人間の生命を戦場で空しく散らせることはもう金輪際できなくなったのである。
そして新憲法の根本理念が象徴天皇と戦争放棄と基本的人権にあることは、多くの人のうべなうところであろう。

『マッカーサーと日本占領』

美空ひばりのデビュー

「その時思わぬ幸運が小さな私の家に訪れたのです。小唄勝太郎先生のご希望で自分の歌の前に小さな女の子を出してほしい、ということになったそうです。そこで横浜国際劇場の支配人の福島道人さんが、そういう女の子を探していらっしゃる時、父の知りあいの関さんという方が私を推薦して下さったのです」

自身が書くデビューのときの思い出である。一九四八（昭和23）年五月一日、こうして天才的な流行歌手美空ひばりが誕生した。
小唄勝太郎に手をひかれて、大舞台の中央に立ったひばりは、フットライトをあびて二〇〇〇人の観客に、前座としての歌を歌った。当時大流行していた並木路子の「リンゴの唄」を。つづいて笠置シヅ子の歌「セコハン娘」を歌ったときには、客は手を打ち足を鳴らして喝さいした。すて鉢な哀調をおびた歌を豆歌手が、大人顔負けの声で歌うのに仰天したのである。

大ヒット曲「悲しき口笛」が発売されたのは、翌年九月のことである。

『昭和史残日録 戦後篇』

朝鮮戦争〝特需〟とは

なぜ特別需要かと言いますと、それまでの日本とGHQの関係からすれば、GHQが必要なものはまず日本政府に依頼し、日本政府が予算に組まれた終戦処理費の中からそれらを調達していました。たとえばビタミン剤なら、何ケース必要かGHQから指示された日本政府が、予算調達費から薬屋に金を払って購入してGHQに渡す、というパターンでした。ところがこの時は、政府を間に挟まずにGHQが直接、業者からジャカスカジャカスカとモノを調達する、だから〝特別需要〟といわれたのです。
こうして朝鮮戦争がはじまると同時に、たとえば蔵前《くらまえ》橋の西側、蔵前工業高校跡（後に旧・蔵前国技館となる）に山のように積まれてあった戦災後未整理の焼けトタンが、あれよあれよと軍需用品としてなくなってゆき、二カ月で一掃されました。

『昭和史　戦後篇　1945-1989』

戦災の焼けトタンは

軍需資材として使われたのでしょう。米軍からの特需でクズ鉄の値段が急騰したんですね。ですから朝鮮戦争というのは、戦後日本をある意味では救ったのですが、いっぽう日本の自然をぶっ壊す最初のきっかけだったのではないかと思います。

『腰ぬけ愛国談義』（宮崎駿氏との対談で）

防潮堤が消した隅田川の床几

私は大学時代はボートの選手だったんですが、隅田川で練習してました。昔は柳橋や葭《よし》町なんかに料亭がダーッとならんでいて、夏は水の上に床几《しょうぎ》を張り出しまして客が飲んでましたよ。僕らのボートが近づくと「学生さーん、一杯飲んでいけよぅ」ってビールをくれたもんです。学校を出たらここで芸者をあげて、ドンチャンやりながら一杯やるぞ、と楽しみに思ってたんですが、防潮堤ができて夢に終わりました（笑）。

『日本史が楽しい』（森本哲郎氏・陣内秀信氏との鼎談で）

ボートと歴史探偵の共通点

ボートをやっていて歴史の勉強には何かためになることがあったのか。そこが大事なところかもしれません。スポーツの練習とはくる日もくる日も同じことをやっています。くり返すことが、結局、いちばん大切なのです。スポーツの醍醐《だいごみ》味とはくり返すことに倦《あ》きないこと。あるいは何でもそうかと思いますが、ものごとの上達とはそうしていることで、ある日突然にといってもいいほど開眼して、ボートを漕ぐことが楽しくなり、艇がエッと驚くほど速く滑るように走るようになります。歴史の開眼もまた然《しか》り。どうしても不可思議としか思えないことが、倦きずにいろいろな史料を読んでいるうちに、パッとひらめくようにしてわかることがあるのです。その意味ではスポーツの練習と同じだと思います。

『歴史に「何を」学ぶのか』

「サイパンから来た列車」について

ボート部の合宿所で読んだもので、ぶちのめされたような想いを味わった小説がある。棟田博の「サイパンから来た列車」という短篇。その後は読み直したこともないのに、いまも忘れることができないでいる。

深夜の東京駅、人影はすっかり絶え、動いているのはホームの時計の針ばかり。その十四番線ホームにサイパンからの死者をのせた列車が入ってくる。ラッパが鳴り、ホームに整列した各隊が人員点呼をするあたりの光景は妖しい精彩を帯びていたように記憶する。

列車をおり立った亡霊の一群は、それぞれが故国日本の想い出の地を訪ね、それぞれに悲しい別れの行動を終える。そしてふたたび無人の東京駅に戻ってくると列車に乗り、何処《いずこ》へとも知れず去っていく。

作者の、死者をよみがえらせたいという悲痛な願いが、戦争をくぐりぬけて生き残った人びとの鎮魂の祈願とも重なって、鬼気あふるる異様な二重の迫力をもってわが胸にせまってきた。ほかの誰かが身代わりになって死んでくれたのだ、という生き残ったものの抜き難い想い、負い目や、かれらをもう一度生き返らせて故郷の山河を見させてやりたいという想いや、そうした死者追悼のわれらの心に向けて、サイパンからの列車は一直線にやってきて、そして去ってゆく。闇にのみこまれてゆく赤い後尾灯がいつまでも胸奥に残って消えなかった。

これは幻想や小説ではなく、いまも日本中の深夜の無人の駅々には、ガダルカナルからインパールから、比島の島々や北満の凍土から、死者を乗せた列車が毎晩のように着き、そして去っているのかもしれない、とそう思っている。

『歴史探偵かんじん帳』

朝鮮戦争と日本国

深刻な不況で頭を抱えていた日本経済にとっては、隣国の不幸な戦闘という現実が、天から降ってきた救いの神となった。なにしろ日本は国連軍の前進補給基地であると同時に国連空軍の攻撃発進基地であり、さらには兵站基地と化した。要するに弾薬や食糧の輸送はもとより、戦争で負傷した兵隊さんの治療や兵器の整備をする拠点となった。いうなれば「沈まない大航空母艦」です。アメリカ軍はそんな日本を思う存分利用してバカスカやれたわけですな。

『戦後日本の「独立」』(竹内修司氏・保阪正康氏・松本健一氏との座談で)

スエズ動乱も「神風」になった

朝鮮戦争がそうであったように、スエズ動乱（編註・昭和三十一年十月）も日本経済にとっては「第二の神風」になりました。すでにかなり景気がよくなった時期の世界的動乱、しかも遥か遠い場所ですから直接的には被害も受けません。たいへんな儲けを生み、好景気にさらに弾みがついたのです。

まったく戦争というのはいつの時代でも儲かるのです。新聞雑誌もそうです。だから変なことを考えるやつが絶えないのです。

『昭和史　戦後篇　1945-1989』

戦後とは、いっぽうこんな時代でもあった

『東京物語』（昭和二十八年製作）に父（笠智衆）が義理の娘（原節子）のアパートを訪ねた夜の、至極いい場面がある。娘がニコニコしながら「お義父さま、お一ついかが」という。すると、洗いたてで糊のきいた白絣を着た義父がはにかみながら、「うう

ん、今日は手酌でいこうか」と応える。ここである。しっとりとした心持ちになる。と、見知らぬ人であるが、福井県の斎藤由紀子さんのとてもいい句が想起される。

白地着て手酌が良きと申さるる

戦後日本とは、左様、「申さるる」の言葉で象徴されるような、良き舅と良き嫁の時代でもあったのである。

『ぶらり日本史散策』

土を耕すことなければ

ノーベル文学賞を受賞したパール・バック『大地』を読んだときの、人間の生きることの苛酷さ、悲しさ、そしてそれにも負けずに一所懸命にはげむけなげさ、それに打たれ、涙があふれでるのをとめることができなかった若き日の記憶がある。土に生き、土に死んだ典型的な中国の一農民の生涯を描く三部作……

そのなかの忘れられない言葉がある。

「罪は貧に始まり、貧は食の足らざるより起こる。食の足らざるは、土を耕すことを忘れればなり。土を耕すことなければ、人は大地と結ばるることなし」

土を耕すことを忘れつつある資源なき農耕国家の日本。はたしてこの国の明日は大丈夫なのかいな、と思うときがしばしばである。

『21世紀への伝言』

死の灰を浴びた第五福竜丸

当時、私は「文藝春秋」編集部にいまして、ルポルタージュを書いてもらうために東京工業大学の桶谷繁雄《おけたにしげお》先生と一緒に焼津港へとんで行きました。……（編註・昭和二十九年三月一日、南太平洋ビキニ環礁で米軍が水爆実験を行ない第五福竜丸が被爆。乗組員二十三名全員が放射性降下物を浴びた）

乗組員の一人で間もなく亡くなった久保山愛吉《くぼやまあいきち》さんに話を聞いた時、「とにかくこの苦しみは、オレ一人で沢山だ」と語られたのが非常に印象に残っています。髪がはげ落ちるなどはもちろんですが、ともかくその苦しさは大変なものらしく、広島や長崎でわかっていることとはいえ、核爆弾が人体に与える影響は想像を超えてものすごいものだと実感しました。辺りには、「この店では原爆マグロは出しません」と貼紙をした店が見られたものです。

『昭和史　戦後篇　1945-1989』

ゴジラが日本に上陸した日

私、警告と聞くと、日本が生んだ怪獣ゴジラを思い出すんです。「ゴジラ」の映画は、アメリカがビキニ環礁でやった水爆実験で海底に眠っていたゴジラが起こされて日本に来るという設定でしょう。だから、ゴジラはもともと人類の行いについて警告するために現れた。最近発見したんですが、このゴジラが東京に上陸した日は、あの実験で被曝した遠洋マグロ漁船の第五福竜丸が焼津港に引き揚げてきた日なんです。

『日本史はこんなに面白い』（荒俣宏氏との対談で）

私が週刊文春創刊号に書いた記事

昭和三十四年（一九五九）四月、まさにご成婚に合わせて「週刊文春」が創刊されました。私も編集部員として参加し、創刊号ではご成婚のトップ記事を書きましたが、今読むと手放しのお祝いをせず、「馬車がゆく、砂利《じゃり》がきしむ音がする、その音は何百万の戦死者のうめきと聞こえるであろう」なんて調子で、若気《わかげ》の至りと言いますか、そんなこともありました。

『昭和史　戦後篇　１９４５‐１９８９』

東京五輪音頭の歌詞を書いたひと

昭和三十九年（一九六四）です。この年は問題なく、オリンピックと新幹線なのですが、その前に四月一日、日本人の海外旅行の自由化が実施されます。……

オリンピックといえば「東京五輪音頭《おんど》」です。〽はあーあ、それ、あの日ローマで眺めた月が　今日は都《みやこ》の空照らす……というものですが、この歌詞はＮＨＫが公募して島根県庁の職員、宮田隆《たかし》さんの作品が選ばれたそうです。すでに亡くなりましたが、戦時中にフィリピンでの捕虜生活で餓死寸前のたいへんな苦労をされた経験から、もうそんなことがないように「世界平和を願って書いた」とか。

『昭和史　戦後篇　１９４５－１９８９』

だれが東京大空襲を指揮した男に勲章を授けたか

三月の声を聞くと、もう二十年ほども前になるが、アメリカの航空宇宙博物館に飾られていた左の一枚の賞状が思いだされてくる。われながら執念深いことと思うが、こればかりはこの世をオサラバするまで永遠に思い起こすことになる。

日本國天皇はアメリカ合衆國
空軍大将カーチス・イー・ルメイを
勲一等に叙し旭日大綬章を贈與する
昭和三十九年十二月四日皇居において
親《みずか》ら名を署し璽《じ》を捺させる

裕仁

昭和三十九年十二月四日
内閣総理大臣　佐藤榮作
総理府賞勲局長　岩倉規夫

ちなみに、総理大臣は佐藤栄作となっているが、実はルメイ大将に賞を授けることを決定したのは、佐藤の前の池田勇人内閣のときであった。そして、叙勲に最大尽力したのが、そのときの防衛庁長官の小泉純也、小泉純一郎の親父どのである。

『ぶらり日本史散策』

昭和天皇と映画「日本のいちばん長い日」

天皇は映画版の「日本のいちばん長い日」をご覧になっているんですね。

吹上御所において皇后・故雍仁《やすひと》親王妃・崇仁《たかひと》親王と共に、映画「日本のいちばん長い日」を御覧になる。終わって御夕餐を御会食になる。(昭和四十二年十二月二十九日)

ただし、感想は何も書かれていません。「まったく違うとおおせになった」なんて書いてあったらどうしたらよいのか、本当に困ったでしょうが、そこはさすが天皇、下々が困るようなことは決してなされないんです(笑)。

『「昭和天皇実録」の謎を解く』（御厨貴氏・保阪正康氏との鼎談で）

A級戦犯合祀問題に関する私の考え

現在の靖国神社はあまりにも政治的な存在になっています。

ですが、そもそもあそこは政治利用されるべき場所ではない。国のために命を落とされた方々が、安らかにお眠りになる場所なのです。慰霊鎮魂のための社です。……

靖国神社では、昭和五十三年（一九七八）にA級戦犯の一四名を「昭和殉難者」として合祀しました。日本国民に対してとてつもない戦争責任を負っている彼らが、なんと「殉難者」だというのです。

たしかに彼らは戦犯（犯罪者）ではなくなったが、戦争を起こし遂行した責任者です。はたして、その戦争責任者の中に非業の死を遂げた「殉難者」と呼べる人がいるのでしょうか。


『日本人と愛国心』（戸高一成氏との対談で）

昭和天皇の涙

昭和六十一年四月、昭和天皇の在位六十年の記念式典があったとき、文春のカメラマンが撮ってきた写真を見たら、天皇が泣いているんですよ。涙が頬を伝わっているところが写っていた。そのときに「ああ、気の毒な人だなあ」と思いました。こんなに苦しく辛い思いで戦後日本の復興のために力の限りを尽くしてきて、在位期間六十年を思えば、おのずから泣けるんだなあ、と。その涙を見た瞬間に天皇ファンになっちゃった。

『いま戦争と平和を語る』

戦後、日本の国家機軸は平和憲法だった

明治時代、国家目標は富国強兵であり、国家の機軸――国をつくるためには、皆が心を一つにして同じようなことを考え同意することができる軸が必要なのです――は立憲天皇制でした。……国家をつくるにあたっての一つのシステムとして非常にうまく機能

したと思います。……

戦後日本について言いますと、国家の機軸は憲法にある平和主義だったと思います。これに関して日本人はかなり一致して受け入れただけではなく、それを進んで喜びとするようになった。鳩山さんや岸さんの主張する改憲・再軍備にはノーと言ったのです。また国家目標は、一九六〇年代の後半からは軽武装・経済第一主義とし、これもまた完成しました。そして現在となるわけです。じゃあバブル崩壊後の今の私たちの国家目標は何か、ありません。では機軸は何か。私は平和憲法でいいと思うんです。が、嫌《いや》だという人が多いんですね。早く憲法を改正して、軍隊をもつ普通の国にしようという意見が多いと新聞などが報じています。

『昭和史　戦後篇　1945-1989』

若い皆さん方の大仕事

今の日本は、戦後ずっと意思統合をしてきた「軽武装・経済第一」の吉田ドクトリンの分解がはじまっているようです。いい加減に戦後の経済主義を卒業したらどうか、の声が高まっています。いや、平和的発展路線をさながら欠陥品のようにみなす人も増えています。このままひたすら世界平和のために献身する国際協調的な非軍事国家でいくか、いやいやそれはもう時代遅れも甚《はなは》だしい、これからは平和主義の不決断と惰弱《だじやく》を清算して、責任ある主体たれ、世界的に名誉ある役割を果たせる「普通の国」にならなければならない。この二つです。その選択は、まさに若い皆さん方の大仕事というわけです。ロートルには発言権はないと考えます。

『昭和史　戦後篇　1945-1989』

昭和史を語り終わって思ったことは

幅広く語ったつもりでも、歴史とは政治的な主題に終始するもんだな、ということである。人間いかに生くべきかを思うことは、文学的な命題である。政治的とは、人間がいかに動かされるか、動かされたか、を考えることであろう。戦前の昭和史はまさしく政治、いや軍事が人間をいかに強引に動かしたかの物語であった。戦後の昭和はそれから脱却し、いかに私たちが自主的に動こうとしてきたかの物語である。しかし、これからの日本にまた、むりに人間を動かさねば……という時代がくるやもしれない。そんな予感がする。

『昭和史　戦後篇　1945-1989』

この国がまた滅びるとき

二十一世紀になったらいっさい贅沢と縁を切り、余計なことをやめる。自然をこれ以上壊さない。現状で止めることです。国民全員が合意しないまでも、九千万人ぐらいは現状維持に賛成なんじゃないかと思うんですね。これでおしまいにしとかんと、この国はまた滅びますすね。

『歴史を記録する』（吉村昭氏との対談で）

「あきらめ」が戦争を招く

戦争は、ある日突然に天から降ってくるものではない。長い長いわれわれの「知らん顔」の道程の果てに起こるものなんである。漱石が『吾輩は猫である』八章でいうように、「すべての大事件の前には必ず小事件が起るものだ。大事件のみを述べて、小事件を逸するのは古来から歴史家の常に陥る弊竇《へいとう》である」、つまりでっかい事件にのみ目をくれているのはみずからが落し穴に落っこちるみたいなもの、日常座臥においておさおさ注意を怠ってはならないのである。そのつどプチンプチンとやらねばならない。……いくら非戦をとなえようが、それはムダと思ってはいけないのである。そうした「あきらめ」が戦争を招き寄せるものなんである。

『墨子よみがえる』

第五章　じっさい見たこと、聞いたこと

東京裁判を見に行った

僕はいっぺんだけ見に行ったことがあります。全然面白くありませんでした。弁護人（外国人）と思える人が一人でしゃべっていて、全く進まないんです。その日は一日、それでおしまいでした。……

白鳥被告の息子が同級生だったんです。彼が特別に手配をしてもらったから、見に行こうというので。個人反証の場面だったと思いますが、何か長々とやっていましたよ。被告の人たちはみんな眠っているみたいでした。

『占領下日本（下）』

陸海軍省がなくなってもなお

一つおもしろい事実を指摘しておこうと思う。戦後、わたくしは多くの旧軍人に会う機会をもった。そうしたとき、できるだけかれらの軍隊手帳をみせてもらうことにしている。別に他意があってのことではない。よりよくその人の軍隊時代の生き方を知りたいためである。そうしたあるとき、妙なことに気づいたのである。履歴書の末尾は、たとえばほとんどが次のような記載で終っているということに、である。

「昭和二十一年三月八日　復員完了現役満期除隊同日予備役編入」

昭和二十年十二月一日（註・陸海軍省が廃止になった日）をもって、日本帝国陸海軍は消滅したはずではなかったか。しかし、この末尾の一行には、敗戦も軍隊の消滅もない。


『日本参謀論』

高木惣吉元海軍少将が語った東条英機暗殺計画

戦後、軍事評論家として健筆をふるわれる高木惣吉元少将に、わたくしは東条暗殺計画のことを尋《たず》ねたことがある。そのときの氏の当惑ぶりは忘れられない。

「今にして思えば若気《わかげ》の至りですが、当時は本気でやるつもりでした。マリアナ沖海戦で敗《ま》けた後の海軍部内の人事異動がなければ、もっと決行は早かったかも……。ま、七月二十日と決めた。後で知って驚きましたね。ヒトラー暗殺未遂事件も同じ日だったんです。決行後に、厚木《あつぎ》から飛行機で関係者は台湾かフィリピンへ飛ばす。私だけが全責任を負う。絞首刑でも銃殺でも結構だ……。しかし、これなんかも読みが浅かったと思いますね。やっぱり連累《れんるい》者は根こそぎ捕まったんじゃないか。もう一つ反省しているのは、かりに決行して、殺さないまでも怪我《けが》でもさせていたら、いくら陸軍内部に反東条派が多くいるといっても、そこはそれ、海軍が手を下したとなると……、その後の終戦工作にもヒビが入って、日本は果たしてどうなっていたことか……」

『昭和と日本人　失敗の本質』

高木元少将は海兵四十三期。戦争末期には米内光政海相を援《たす》け、終戦工作に身を挺《てい》して働いた良識派である。

元内大臣の木戸幸一が言ったこと、言わなかったこと

ただの二回だけであったが生前のこの人と面談したことがある。肝心なことは語らぬにひとしかったが、収穫はあった。それはこの人が現実の変化への対応が機敏であるということ。答えづらい質問にも、あざやかにこたえる。少々矛盾するところがあっても動じなかった。

昭和天皇にたいする批評もきちんといった。近衛文麿、東条英機への悪口も堂々とぶった。しかし、自己反省の言はついに出なかった。

『21世紀への伝言』

「黙れ！事件」の佐藤賢了は戦後になってもなお

無制限にひとしい「白紙委任」的な権限を、政府や軍部に与える国家総動員法（全文五十条）が四月一日に成立、五月五日から施行となる。これは悪法としかいいようがないが、その第四条だけでもしっかりと記しておく。

「政府ハ戦時ニ際シ国家総動員上必要アルトキハ勅令ノ定ムル所ニ依《よ》リ帝国臣民ヲ徴用シテ総動員業務ニ従事セシムルコトヲ得《うる》　但《ただ》シ兵役法ノ適用ヲ妨ゲズ」

国家の総力をあげての戦争遂行のための国家体制は、陸軍の期待どおりに着々と、戦争ムードとともに整えられた。……

その日から四半世紀たった昭和三十八年春、佐藤賢了にこのことについて取材したときのことをいまも鮮明に覚えている。この国内経済を戦時統制経済に切り替え、国民のもっている諸権利をいざとなったら政府に譲り渡すという法案が通ったあと、軍人の発言力が強まり、国全体がすっかり軍国主義に塗りつぶされた。それが日中戦争をいっそうドロ沼化させ、対米英戦争への道をぬきさしならぬものにしたのではないか、というのが質問の骨子であった。

佐藤は当時六十七歳。なお意気軒昂として「小僧っ子、黙れ!」といわんばかりに睨みつけつつまくしたてた。

「いいか、国防に任ずる者はたえず強靭《きょうじん》な備えのない平和というものはない、と考えておるんだ。そんな備えのない平和なんてもんは幻想にすぎん。あるはずがない。いいか、その備えを固めるためにはあの総動員法はゼッタイに必要であったのだ」
この元軍人には反省という言葉はないと、そのとき思った。そして勝海舟の言葉「忠義の士というものがあって、国をつぶすのだ」とそっとつぶやいたことであった。

『B面昭和史』

二・二六事件の生き残り将校は言った

事件から半世紀を経た、昭和六十一年（一九八六）の二月のことです。わたくしは、銃殺刑を免れて生き残った事件の将校五人に集まってもらいました。五人とも事件当時はまだ二十歳か二十一歳の新品少尉でした。五人のうち警視庁襲撃部隊が三人、首相官邸襲撃部隊がひとり、あとのひとりが宮城《きゅうじょう》（戦前は皇居をこう称した）に入ったメンバーでした。……

座談会がはじまってまもなく、「警視庁占拠には、なぜ決行部隊中最大の四百人以上もの兵力を送り込んだのですか」と尋ねました。すると警視庁組の三人が、たがいに顔を見合わせるのです。目と目で、「もうそろそろ、しゃべるか……」というような合意を取り合っていることがわかりました。彼らは語りだしました。

「ほんとうの狙いは宮城占拠です。そのための部隊でした」と。

『日本型リーダーはなぜ失敗するのか』

辻政信元参謀が語った日本防衛論

辻参謀といえば、戦後も昭和二十九年の暮に議員会館の一室で会ったことがある。元陸軍大佐・陸軍作戦参謀のエースどのは、代議士先生になっていた。源平時代の比叡山の荒法師をおもわせる相貌、炯々《けいけい》たる光を放つ三角眼で、先生は得意の日本防衛論をまくしたてた。

「まずは自衛隊のいまのような傭兵的性格を是正し、日本的自衛軍をつくり、編制、装備、訓練に根本的改正を加えねばならぬ。そのためには憲法を改めて祖国の防衛は、国民の崇高な義務であることを明らかにし、自衛隊員の精神的基礎を確立せねばならない。

そのことを抜かしてなんの国防が成るというのか」

その気焔のうちからは、もう一度先頭に立って、軍を率いる夫子《ふうし》自身の決意と熱望のほかのなにものも浮かんではこなかった。なるほど、この雄弁をもって作戦課をリードしたのかと合点し、大いに納得するところがあった。

『ノモンハンの夏』

語らざる最後の連合艦隊司令長官・小沢治三郎

東京都世田谷の閑静な住宅街に、ひっそりと世をはばかったように暮らす老夫婦がある。ほとんど出歩くこともなく、訪う人とてそう滅多にない。知らぬ人には結構なご隠居さんとも映ずる、落ち着いた平凡な日常がそこにある。自分の屋敷を人に貸し、奥の二間（八畳、六畳）を区切って住居としているという。

名将・小沢治三郎の毎日は、その小さな家でテレビを見、ラジオを聴き、そして本を読むことでついやされている。とくに英語講座は、可愛いお孫さんに教えるために欠かしたことがないと言った。

昔から言葉数の少ない人であった。そして今は、より語らざる老人なのである。

「もう昔の悪夢にはふれたくないね。そっとしておいてもらいたい。戦争のことは、話すはおろか、聴くも読むも嫌だ。まあそうだな……このままそっと消えてゆきたい気持だよ。本当に数多くの優秀な人を死なせてしまった。申し訳ないと思っている。それを思うと、周囲の情勢がガラリと変わったからといって、自己の主義主張を変えて平気な連中の多いことを、わしは心から残念に思うのだが……」

こう語ると、再び口を真一文字に結び、眼をきらりと光らせたが、あとはいかにも老人らしい老人に戻り、

「わしは若い人と話すのが好きだな」

と言って微笑んだ。南遣艦隊当時の参謀長だった寺崎隆治《てらざきりゆうじ》氏の語った言葉を我々は記憶しよう。

「あの人は今遺族を歴訪するためにのみ生きている」

死んだ人は何も語らない、そしてまた死に遅れた人も何も語らない。ただこの老人は

可愛い孫のために今日もラジオの英語講座に耳を傾け、そして遺族を訪ねるべく家をでる。口を一文字に結びながら。それだけなのである。

『完本・列伝　太平洋戦争』

インパール作戦の猛将・宮崎繁三郎

昭和二十三年夏、小田急線下北沢《しもきたざわ》駅前のマーケットに、《岐阜屋》という岐阜県の特産品をならべた小さな店が開かれた。うちわ、美濃紙《みのがみ》、ちょうちん、瀬戸もの、カミソリ、狭い店にごたごたと置いてあった。しかし、その後しばらくして、ちょうちんが落ち、うちわが片づけられ、美濃紙も二階の倉庫におさめられて、瀬戸ものだけが岐阜屋の店先に残った。

「三年間は赤字続きで、どうなることかと思ったが、なんとか頑張ったら、今はどうにか黒字になって……」と苦笑した社長さんの温顔を懐かしく思いだしている。

取材のため私を迎えた元将軍はつねに微笑を絶やさなかった。その小柄な、好々爺《こうこうや》然とした人が、第五四師団長として、ビルマの土地で悲痛な防禦戦《ぼうぎょせん》を戦って終戦を迎えた闘将、宮崎繁三郎中将のイメージとは、どうしてもダブらなかった。

話の合間にも、背広にサンダルをつっかけて店におり、客に接する。ここでも微笑を絶やさない。そして岐阜屋繁昌までの話なら実に楽しそうに語ったが、ついにその人の口からインパール作戦のことはただの一言もでなかった。「いやあ、そのことは……」と、ただそれだけなのである。万骨は枯れて、一将は瀬戸もの屋になった。戦争には悲惨のみしかない。栄光は——?

もし、そんなものがあるとすれば、このマーケットの交替激しいなかで、戦後ずっと同じ店として続いているのはこの岐阜屋だけ、その努力のなかに栄光があるのかもしれない、と、そう言いたげであった。

そして別れぎわに、わずかに洩れた戦争の話は、(戦場でいつも一緒にいた)小猿「チビ」のことだけであったのである。

「チビは本当に可愛いやつでした。わしはどうしてもあいつと別れられず、真剣になって英軍当局とかけあったが、とうとう許可がおりず、昭和二十二年六月に復員する時、ラングーンにおいてきました。別れる時、指の二本ない、小さな、かえでのような手をのばして……後を追ってね……」

涙が語るそばから溢れでてきた。

昭和四十年八月三十日、宮崎繁三郎元中将は亡くなった。享年六十八歳。

『完本・列伝　太平洋戦争』

「全軍突撃せよ」の田中頼三

世界的に有名な軍事評論家ハンソン・ボールドウィンも、戦後になって、その著書のなかで激賞した。

「太平洋の戦争をとおして日本に二人の名将がいる。陸の牛島《うしじま》、海の田中《たなか》」

牛島とは沖縄第三二軍司令官・牛島満《みつる》中将であり、この癪にさわるほど立派な海の名将とは第二水雷戦隊司令官・田中頼三《らいぞう》少将のことであった。

ところが――その海の名将は、言下に、こう言うのである。

「とんでもないことだ。僕ァ何もしなかったよ。ただ、突撃せよと命令をだしただけだったのだが……」

背を丸めるようにして、田中頼三氏は、アメリカのはった〝名将〟のレッテルがいささか迷惑そうな表情をとった。

青々たる麦畠が窓ごしに眺められる八畳の居室に、牛ののどかな鳴声が届いてくる。殺伐たる戦争の話にふさわしくない静かな午後であった。……

かつての名将・田中頼三氏の閑居する山口市朝日は、むしろ大歳村と言った方が土地の人にはわかりいい。田中家は五千戸の農家の点在する農村で、代々庄屋をやっていたという。なるほど、住居はかなり宏壮である。六百坪の城のような建物、冠木門《かぶきもん》に白壁の土蔵。だが、戦後の氏の困窮を物語るように、どれもが傷んで、あまり修復がゆきとどいていない。

「ここで、僕ァ毎日をどうして生きていると思いますか」

と、老提督は苦笑する。五反の田畠と大きな家と老妻と。さびしすぎる日々なのである。このクイズを当てるのは楽なこと。

「そうなんですな。晴耕雨読。実にいい言葉ですなあ。四人の娘は残らず嫁いでいったし、一人息子には戦後死なれて、もう生命をかけてすることがなくなりましてな……なあに……することがないと言えば、ルンガ夜戦以来、僕には、することがなくなったと言ってもいいのだがね……」

これは、剛毅の提督にも似合わぬほど、さびしそうな口調であった。

『完本・列伝　太平洋戦争』

海軍兵学校第七十三期の生き残った人々

レイテ沖海戦の戦闘に直接参加した六十隻のうち、終戦時に無傷で残存した艦は、わずか駆逐艦三隻である。連合艦隊は最後の一艦、最後の一兵まで戦ったこの一事をもってしても如実にわかる。レイテ沖海戦で生き残りながら、その後の戦いで死んだ最下級の少尉の数もかぎりない。海戦で死んだ人、その後の戦いで死んだ人の数を合わせて、第七十三期（編註・海軍兵学校卒業）のレイテ沖海戦参加者の九十六名が戦死している。

もっとひろげて兵学校七十三期全体を見ると、艦船・飛行機を合わせ、卒業生九百一名のうちの三百三名の多くの人が戦死している。実に三人に一人。かれらは二十歳の若さで散っていった。

いま、かれらが（わたくしに）語り、あるいは書いているいくつかの言葉――。

「俺が生き残って貴様が死んだ。この間に何の必然性もなかった。あるのはただ偶然が生死をわけたに過ぎない。しかし、この偶然によって、われわれは今日も生きている。死んだ貴様に何か後ろめたさを感じ……」

「艦とともに生き、艦とともに死ぬ。軍艦旗のもとに生き甲斐も死に甲斐もあった。それと同じような真摯な生き方が、なぜこの人生でできないのか。いまの俺の人生には、この下で生きもでき、死にもできる人生の〝軍艦旗〟がないのですよ」

「敗れて死んでも人は何事かを訴えている……いかに平和な時代でも、戦場での生死の関頭にも似たギリギリの状況に立たされることがないとはいえないであろう。その場合、いかに進退するかということは、同時にいかに生きるかの問題でもある。そこに思想が生まれる。戦没者たちの、その死の意味をこんにちあらためて味わい直してみる意義の一つも、ここにあるように思われる。生きのびたところでたかだか百年、巨人のごとく歩み去る時の流れに比すれば、それは一瞬の幻にすぎない。ならば、おのれの死所を心得、スッキリとした死にっぷりで、死者の国から現世に語りかけるのも一つの生き方ではなかろうか」

「見事に死ぬことが立派に生きることであった。見事に死にっぱぐれた男は、ただ漫然と生きるよりほかはない。立派に死んだやつの声にひとりで耳をかたむけながら……」

「逃れることのできない死との対決――それが一人の人間にとっての戦争の本質なのだ。それ以外のなにものでもない。そのときの絶望感を、当時の、いや、いまの為政者も知っているのだろうか」

『レイテ沖海戦』

幽霊になって出た兵士

以前、『戦士の遺書』という本を書いたんです。戦死した人たちの遺書だけを集めた本です。これは頼まれて書いた本なんです。二十数人分だったか、ある小さい雑誌に連載しました。二人きましたね、幽霊が。だれだかわかりませんが。永福町の家に住んでいるときでした。眠っているとね、コツンコツンと階段を上がってくる音がするんですよ。

「あれ、だれか来たな」と思ってると、何者かが枕元に座るんです。心の中で「何ですか」と問うんですが、向こうは返事はしない。「わかりました、わかりました。ちゃんと書きますから」と心の中でいうと、向こうがわーっとかぶさってくるような感じになって、キーっと体が固まっちゃうんです。「わかった、わかった」とうなされていると、カミさんが起こすんですよ。「あなた、わけのわからない叫び声を上げてたわよ」というんです。こういうことが二回ありましたね。

『いま戦争と平和を語る』

あとがき

今年の五月でわたくしは八十八歳になる。長く生きて驚くことも数多く、相当に心臓も鍛えられてきた。が、昨年の初冬、二十余年前からよく知る編集者の小木田順子さんが突然訪れてきて、本書のプランをもちだし「返答や如何に？」と迫ってきたときほど、近ごろびっくり仰天したことはない。思わず「ウヒャー」と声にでた。これまでだした拙著をすべて読み直し一冊の本をつくるなんて、途方もない時間と労力がかかる。わたくしにはもうそんな余裕はないし、またそんな山ッ気《け》などなかったからである。

小木田さんは「それはこっちでやるから」と気安くいう。「いや、そりゃ無理だし、売れなくてムダ働きになるよ」とわたくし。「でも、面白い本ができると思いますから」と彼女。……

そんな押し問答をしているうちに、ふと、わが脳ミソに一人のフリーの編集者の顔がちらちらしてきた。文藝春秋や筑摩書房で対談本や座談会本をだしたとき、その速記のまとめや構成を実に手際《てぎわ》よくやってくれた女性である。わたくしの、時に舌足らずの、時に意味不明瞭の発言を、まことに要領よく、喋ったこと以上に堂々たる内容のものにまとめてくれた。明らかにわが著作を彼女は何冊も読んでいることがわたくしにだけは察せられた。そのひと、石田陽子さん。それで、その名を小木田さんに告げ、「彼女ならかならずうまくまとめてくれる。ただし、彼女が承諾すればの話だけどね」とわたくしはいった。

あとの、女同士でどんな話し合いがもたれたものか、正直なところよく知らない。小木田さんから「石田さんが承知してくれました」という報告をうけて、やがて年が明け、石田さんから「昨年の暮は完全に半藤漬けになりました」という賀状をもらった。そして十日ほどたったある日、ドサッと分厚い原稿のゲラ刷りがいきなり届けられたのである。それに目を通してみてもう一度わたくしはひっくり返った。なぜならこのゲラでわたくしはわたくし自身を嫌というほどみせられたからである。つまり、一所懸命に生きてきたこの長いわが生涯を、あらためて生き直す感を味わわされた。で、「ウヒャーッ」ともう一度叫ばないわけにはいかなかった。

昭和五年（一九三〇）に生まれたわたくしには、はじめから青雲の志みたいな派手々しいものはなかった。物ごころつくころにはもう戦時下にあった。日本人はだれもが「進め一億火の玉だ」「欲しがりません勝つまでは」の旗印の下に、国家総動員法、〝一億総特攻〟を加えた猛々《たけだけ》しい世にあっては、どんな大志をもとうが国策によって条件づけられていた。ましてや、大した才能のない東京は下町育ちの悪ガキの、いわばボンクラにおいてをや。

あえてつけ加えれば、わたくしを含めて戦時下に生をうけた日本人はだれもが一生をフィクションのなかで生きてきたといえるのではなかろうか。万世一系の天皇は神であり、日本民族は世界一優秀であり、この国の使命は世界史を新しく書きかえることにあった。日本軍は無敵であり、天にましますす神はかならず大日本帝国を救い給うのである。このゆるぎないフィクションの上に、いくつもの小さなフィクションを重ねてみたところで、それを虚構とは考えられないのではなかったか。そんな日本をもう一度つくってはいけない、それが本書の結論、といまはそう考えている。そして、そんな時代をとにかく精一杯に生きてきた証しが本書にあると思っている。

数多《あまた》の拙《つた》ない著書を整理して厖大《ぼうだい》な言葉を選択してくれた石田さんと、欲をだしたわたくしのやたらに追加したり削ったりの面倒を厭わず本書をつくってくれた小木田さんには心から感謝する。本書中のセリフを使えばまさに「アリが十四だ」であります。お蔭で、この、本の売れないいまのご時世に、思いもかけずわが著作集ができたようなすこぶるいい心持になっている。拙著をだしてくれた各出版社にはただただ厚くお礼申しあげるばかりである。

二〇一八年二月吉日

半藤一利

出典著作一覧

『あの戦争と日本人』文春文庫
『いま戦争と平和を語る』日本経済新聞出版社
『風・船のじてん』（荒川博氏との共著）蒼洋社
『勝ち上がりの条件　軍師・参謀の作法』（磯田道史氏との対談）ポプラ新書
『荷風さんの昭和』ちくま文庫
『完本・列伝　太平洋戦争』ＰＨＰ文庫
『原爆の落ちた日』ＰＨＰ文庫
『腰ぬけ愛国談義』（宮崎駿氏との対談）文春ジブリ文庫
『指揮官と参謀』文春文庫
『15歳の東京大空襲』ちくまプリマー新書
『十二月八日と八月十五日』文春文庫
『昭和史が面白い』文春文庫
『昭和史裁判』（加藤陽子氏との対談）文藝春秋
『昭和史残日録　1926-45』ちくま文庫
『昭和史残日録　戦後篇』ちくま文庫
『昭和史1926-1945』平凡社ライブラリー

『昭和史　戦後篇　1945-1989』平凡社ライブラリー
『昭和史探索1』ちくま文庫
『昭和史探索3』ちくま文庫
『昭和史探索4』ちくま文庫
『昭和史探索5』ちくま文庫
『昭和史探索6』ちくま文庫
『「昭和史」を歩きながら考える』PHP文庫
『昭和史をどう生きたか』東京書籍
『昭和・戦争・失敗の本質』新講社
『「昭和天皇実録」にみる開戦と終戦』岩波ブックレット
『「昭和天皇実録」の謎を解く』（御厨貴氏・保阪正康氏との鼎談）文春新書
『昭和と日本人　失敗の本質』中経の文庫
『昭和の名将と愚将』（保阪正康氏との対談）文春新書
『「昭和」を点検する』（保阪正康氏との対談）講談社現代新書
『「昭和」を振り回した男たち』（利根川裕氏・土門周平氏・檜山良昭氏・保阪正康氏・夏堀正元氏との共著）東洋経済新報社
『仁義なき幕末維新』（菅原文太氏との対談）文春文庫
『「真珠湾」の日』文春文庫

『隅田川の向う側――私の昭和史』創元社
『聖断』PHP文庫
『世界史としての日本史』(出口治明氏との対談)小学館新書
『世界はまわり舞台』創元社
『占領下日本(下)』ちくま文庫
『総点検・日本海軍と昭和史』(保阪正康氏との対談)毎日新聞社
『そして、メディアは日本を戦争に導いた』(保阪正康氏との対談)東洋経済新報社
『それからの海舟』ちくま文庫
『ソ連が満洲に侵攻した夏』文春文庫
『戦う石橋湛山』東洋経済新報社
『手紙のなかの日本人』文春新書
『徹底検証　日清・日露戦争』
(秦郁彦氏・原剛氏・松本健一氏・戸高一成氏との座談)文春新書
『徹底分析　川中島合戦』PHP研究所
『「東京裁判」を読む』(保阪正康氏・井上亮氏との鼎談)日経ビジネス人文庫
『遠い島　ガダルカナル』PHP研究所
『ドキュメント　太平洋戦争への道』PHP文庫
『永井荷風の昭和』文春文庫

『21世紀の戦争論』(佐藤優氏との対談)文春新書
『21世紀への伝言』文藝春秋
『日露戦争史1』平凡社
『日露戦争史2』平凡社
『日本海軍、錨揚ゲ!』(阿川弘之氏との対談)PHP文庫
『日本海軍の栄光と挫折』PHP研究所
『日本型リーダーはなぜ失敗するのか』文春新書
『日本国憲法の二〇〇日』文春文庫
『日本参謀論』図書出版社
『日本史が楽しい』文藝春秋
『日本史はこんなに面白い』文春文庫
『日本人と愛国心』(戸髙一成氏との対談)PHP文庫
『日本のいちばん長い夏』文春新書
『日本のいちばん長い日』文春文庫
『ノモンハンの夏』文藝春秋
『敗戦国ニッポンの記録 上巻』アーカイブス出版
『半藤一利が見た昭和　文藝春秋増刊　くりま』文藝春秋
『B面昭和史』平凡社

『ぶらり日本史散策』文藝春秋
『墨子よみがえる』平凡社新書
『マッカーサーと日本占領』PHP研究所
『山県有朋』PHP文庫
『山本五十六の無念』恒文社
『レイテ沖海戦』PHP研究所
『歴史探偵かんじん帳』毎日新聞社
『歴史探偵　昭和史をゆく』PHP文庫
『歴史に「何を」学ぶのか』ちくまプリマー新書
『歴史のくずかご』文春文庫
『聯合艦隊司令長官　山本五十六』文藝春秋
『連合艦隊・戦艦12隻を探偵する』PHP研究所
『若い読者のための日本近代史』PHP文庫

著者略歴

半藤一利
はんどうかずとし

一九三〇年、東京・向島生まれ。
東京大学文学部卒業後、文藝春秋入社。
松本清張、司馬遼太郎らの担当編集者をつとめる。
「週刊文春」「文藝春秋」編集長、専務取締役などをへて作家。
「歴史探偵」を名乗り、おもに近現代史に関する著作を発表。
『漱石先生ぞな、もし』(正続、文春文庫　新田次郎文学賞)、
『ノモンハンの夏』(文春文庫　山本七平賞)など著書多数。
『昭和史1926-1945』『昭和史　戦後篇　1945-1989』
(共に平凡社ライブラリー)で毎日出版文化賞特別賞、
二〇一五年、菊池寛賞受賞。
近著に『世界史のなかの昭和史』(平凡社)がある。

幻冬舎新書 495

歴史と戦争

二〇一八年三月三十日 第一刷発行
二〇一八年四月三十日 第四刷発行

著者 半藤一利

発行人 見城 徹
編集人 志儀保博
発行所 株式会社 幻冬舎
〒一五一-〇〇五一 東京都渋谷区千駄ヶ谷四-九-七
電話 〇三-五四一一-六二一一（編集）
〇三-五四一一-六二二二（営業）
振替 〇〇一二〇-八-七六七六四三
ブックデザイン 鈴木成一デザイン室
印刷・製本所 中央精版印刷株式会社

日本音楽著作権協会（出）許諾第1801833-804号
検印廃止

Printed in Japan ISBN978-4-344-98496-7 C0295
は-15-1
幻冬舎ホームページアドレス http://www.gentosha.co.jp/
*この本に関するご意見・ご感想をメールでお寄せいただく場合は、comment@gentosha.co.jp まで。